RENATE ZIMMER

Entspannung erleben in der Kita

HERDER

FREIBURG · BASEL · WIEN

MIX
Papier | Fördert gute Waldnutzung
FSC® C010798

Völlig überarbeitete Neuausgabe von Wilde Spiele zum Austoben 2023
(9. Gesamtauflage)

www.herder.de

Umschlagkonzeption: wunderlichundweigand, Schwäbisch Hall
Umschlaggestaltung: Verlag Herder
Illustrationen auf dem Cover: © TopVectors – iStock
Illustrationen im Innenteil: © Graphics RF – Adobe Stock
Fotos im Innenteil: © Renate Zimmer; S. 10: © SerrNovik – GettyImages; S. 71: © gradyreese – GettyImages; S. 77: © monkeybusinessimages – GettyImages

Satz und Gestaltung: Sabine Ufer

Herstellung: Graspo CZ, Zlín
Printed in the Czech Republic

ISBN Print 978-3-451-38939-9
ISBN E-Book (PDF) 978-3-451-82866-9
ISBN E-Book (EPUB) 978-3-451-82877-5

Inhalt

Einleitung

5

Kinder brauchen Bewegung – aber Kinder brauchen auch Ruhe. Beides gehört zu den Grundbedürfnissen von Kindern, deren Erfüllung für eine gesunde Entwicklung unverzichtbar ist. Über Bewegung setzt sich ein Kind aktiv mit seiner Umwelt auseinander, es wirkt auf sie ein und passt sich ihr an, dabei lernt es sich selbst, aber auch seine Umwelt und deren Gesetzmäßigkeiten kennen. Hierzu bedarf es jedoch neben dem aktiven Handeln immer auch des Innehaltens, der Ruhe, des Wahrnehmens und des Sich-Bewusstwerdens des eigenen Körpers.

Bewegung und Aktivität sind also für Kinder genauso wichtig wie Ruhe und Stille. Aktivität und Ruhe stehen in einer engen Beziehung zueinander. Es gilt, die richtige Balance zwischen beiden Polen zu finden. Dies ist im Alltag heute oft nicht mehr so einfach möglich: Kinder spüren die Folgen eines hektischen, ruhelosen Alltags. Sie wachsen in eine Gesellschaft hinein, in der Informationen jeder Art nahezu unbegrenzt erhältlich sind. Die modernen Medien stehen ihnen fast jederzeit zur Verfügung, und so nehmen sie – meist sitzend und in körperlicher Unbeweglichkeit – eine Vielzahl an Eindrücken und Informationen auf. Es fehlt ihnen jedoch die Möglichkeit, diese auf der körperbezogenen Ebene zu verarbeiten. Das führt zu einem Missverhältnis von äußeren Anforderungen und inneren Ressourcen. Häufig sind Stresssymptome wie Schlaflosigkeit, Nervosität oder Konzentrationsprobleme die Folge, es entstehen Unruhe und Rastlosigkeit, die das Kind nicht nur in seinem Verhältnis zu seiner Umwelt, sondern auch in seinen Entfaltungsmöglichkeiten beeinträchtigen.

Mit Ruhe-Ritualen und Entspannungsübungen kann weder der Alltagsstress verringert, noch können die Lebensbedingungen der Kinder in ihrem sozialen Umfeld wesentlich beeinflusst werden. Worauf jedoch Einfluss genommen werden kann, ist die Art und Weise, *wie* die Kinder diesen Bedingungen begegnen: Der Umgang mit Belastungssituationen kann erleichtert, Bewältigungsstrategien können eingeübt und die Kinder so angeleitet werden, dass sie die wohltuende Wirkung von Ruhe- und Stilleübungen in Ergänzung zu Bewegungsaktivitäten bewusst erleben und in der Folge vielleicht sogar selbst suchen werden. Damit wird die Verarbeitung von belastenden Faktoren sowie der Abbau von Stress unterstützt. Das Kind lernt, selbst Wege zu finden, mit Belastungen umzugehen, bei Bedarf „abzuschalten“, sich eine „Auszeit“ zu nehmen. So hat es die Chance, auf die vielfältigen Eindrücke in seinem Leben nicht mit Symptomen der Überforderung, sondern mit Gelassenheit zu reagieren, sich bewusst zu entspannen.

Spannung und Entspannung in der Muskulatur wahrzunehmen ist die Voraussetzung, um mit Stresssituationen umgehen und Belastungen bewältigen zu können. Bei Nervosität und körperlicher sowie psychischer Anspannung erhöht sich der Spannungsgrad der Muskulatur unwillkürlich. Diesem Zustand kann man sich hilflos ausgeliefert fühlen, man kann aber auch aktiv daran arbeiten, wieder lockerer zu werden. Schon die Erfahrung und das Bewusstsein, dass man sich in einer belastenden, angstbesetzten Situation selbst helfen kann, tragen dazu bei, dass die Anspannung sich wieder verringert.

Entspannungsübungen können Konzentrations- und Lernprobleme nicht unmittelbar beseitigen, aber sie können die Voraussetzungen dafür schaffen, damit kognitives Lernen besser gelingt und Kinder auf diese Weise Methoden kennenlernen, mit deren Hilfe sie sich besser konzentrieren können.

Bewusster wahrnehmen

Stille kann bereichern! Um dies zu erleben, bedarf es jedoch einer geschützten Umgebung, eines Hinführens durch den Erwachsenen. Stille und Ruhe bieten die Voraussetzungen, um besser wahrnehmen zu können, um genau zu hören, differenzierter zu sehen und feinfühliger zu spüren. Die kleinen Dinge des Alltags, die sonst leicht verloren gehen, geraten ins Bewusstsein. In Ruhe- und Entspannungssituationen ist ein In-sich-Hineinhören und -Hineinspüren möglich, die Körperwahrnehmung wird sensibilisiert. Über die körperliche Entspannung gelangen Kinder – und auch die Erwachsenen – zu einer psychischen Gelöstheit.

Entspannung hat darüber hinaus eine regenerierende Wirkung. Nach einer Entspannungsphase fühlt man sich meist ausgeglichener, ruhiger, man spürt „neue“ Kräfte.

Bewegung und Ruhe in Balance

Aber bevor Kinder sich entspannen können, müssen sie erst einmal ihren Bewegungsbedürfnissen nachgeben können. Das Bedürfnis nach Ruhe stellt sich dann fast von alleine ein, es kann jedoch von den Erwachsenen unterstützt und durch Spielideen begleitet werden.

Das bewusste Erleben von Bewegung, Aktivität und Dynamik auf der einen Seite und Ruhe, Stille und Entspannung auf der anderen Seite hilft Kindern, zu sich selbst zu finden und sich bei Bedarf zu konzentrieren. Damit ist eine bessere Selbstkontrolle und Selbstregulation möglich, die nicht von den Erwachsenen verlangt und angeordnet, sondern im Spiel als lustvoll erfahren und als Erweiterung der eigenen Möglichkeiten erlebt wird.

Ziel der in diesem Buch beschriebenen Anregungen ist das Erreichen einer Balance von Bewegung und Ruhe.
Lassen Sie sich inspirieren!

Renate Zimmer

Kapitel 1

Über Bewegung zur Ruhe finden

Vor allem bewegungsfreudige Kinder hören immer wieder von Erwachsenen unvermittelt die Ermahnung, doch endlich einmal still zu sitzen, nicht so viel herumzurennen oder wenigstens mal fünf Minuten ruhig zu sein. Statt dieser verbalen Aufforderungen, die oft als Vorwurf empfunden werden, kann es für alle Beteiligten sehr viel hilfreicher sein, zunächst einmal dem Bedürfnis nach Bewegung Raum zu geben. In diese Spielsituationen können dann Ruhephasen eingebaut werden.

In den folgenden Beispielen haben die Bewegungsphasen zunächst den größeren Anteil, Ruhephasen werden eher am Ende einer Bewegungseinheit durchgeführt, um die Kinder erst einmal über einen sehr kurzen Zeitraum mit den positiven Wirkungen von Ruhe und Stille vertraut zu machen.

Hier wird Ruhe nicht von außen eingefordert, sondern folgt einem natürlichen Rhythmus des Organismus: Intensive Aktivität ist nur möglich, wenn auch Entspannungs- und Ruhephasen erlebt werden. Der Bewegungsdrang wird also nicht unterdrückt, das Kind wird nicht aufgefordert still zu sein, es kann vielmehr dem eigenen Bedürfnis folgen. So wird eine positive Beziehung zur Ruhe hergestellt, Ruhe und Stille werden als angenehm empfunden.

Die Reaktionen der Kinder beobachten

Unterschiedliche Aktivierungsniveaus werden auch von Kindern als wohltuend erlebt. Dabei dürfen die Ruhephasen zunächst allerdings nur geringe Anforderungen an die Konzentration der Kinder stellen, diese Einheiten sind daher vorerst kurz zu halten und die Reaktionen der Kinder aufmerksam zu beobachten.

Feuer, Wasser, Sturm und Sonne

Material:
Hocker, Tische, Bänke

Die Idee: Das Reaktions- und Laufspiel – mit Ruhephasen – kann im Bewegungsraum, aber auch im Gruppenraum unter Nutzung der Einrichtungsgegenstände Hocker, Stühle und Tische durchgeführt werden. Vereinbaren Sie mit den Kindern die Regeln:

Spielimpulse:

- Bei „Feuer“ laufen die Kinder ganz schnell in eine bestimmte Ecke des Raumes, bei „Wasser“ steigen sie auf Hocker und Bänke, bei „Sturm“ kriechen sie unter die Bänke und Tische, bei „Sonne“ legen sie sich auf den Boden, genießen die warmen Sonnenstrahlen und ruhen sich aus.
  Auch eines der Kinder kann die Signalwörter ausrufen.
- **Variation:** Anstelle der akustischen Signale zur Änderung der Bewegungsformen können auch Bildsymbole verwendet werden. Ein rotes Blatt Papier ist das Zeichen für Feuer, ein blaues steht für Wasser, ein graues für den Sturm. Eine auf ein Blatt Papier gemalte Sonnenblume (oder eine Sonne) bedeutet, dass nun die Ruhephase beginnt.

Wellenspringen

Material: großes Schwungtuch

Die Idee: Ein großes Schwungtuch bietet mehreren Kindern gleichzeitig Platz für Bewegungsspiele, es ist groß genug, um anschließend als Unterlage für eine Ruhephase genutzt zu werden.

Spielimpulse:

- **Bewegungsphase:** Alle mitspielenden Kinder stehen um das Schwungtuch herum. Sie fassen es mit beiden Händen und bewegen es auf und ab, sodass große Wellen entstehen.
  Fordern Sie einen Teil der Kinder auf, sich auf das Tuch zu stellen und durch die Wellen zu laufen, in die Wellen hineinzuspringen oder über die Wellen hinwegzuspringen. Dabei wird der Sturm immer stärker, und auch die Wellen werden höher.
  Dann wird gewechselt: Die Gruppe der Kinder, die das Tuch bewegt hat, darf nun auf das Tuch gehen, die anderen machen jetzt die Wellen.
- **Ruhephase:** Regen Sie die Kinder an, sich auf das Tuch zu legen und die Augen zu schließen. Erzählen Sie ihnen eine kleine Geschichte: der Sturm hat sich gelegt, es weht kein Wind mehr. Das Wasser ist ganz ruhig, und keine einzige Welle ist mehr zu spüren.

Verzaubert

Material: Papp- oder Zeitungsrolle als Zauberstab, Gong oder anderes akustisches Signal

Die Idee: Bei diesem Lauf- und Fangspiel wechseln Ruhe- und Bewegungsphasen innerhalb des Spiels ab, sie gelten nicht gleichzeitig für alle, sondern immer nur für einzelne Kinder. Damit ist eine individuelle „Dosierung" der Ruhe- und Bewegungszeiten möglich.

Spielimpuls:

- Ein Kind spielt den Zauberer. Es ist an einem Zauberstab zu erkennen, mit dem es die anderen Mitspieler verzaubern kann. Gelöst werden kann dieser Zauber nur durch einen Gong, den Sie (oder später auch ein anderes Kind) in der Hand halten. Sobald dieser Gong ertönt, ist der Zauber wieder aufgelöst.
  Die Kinder laufen durch den Raum und versuchen, dem Zauberer auszuweichen. Wer mit dem Zauberstab berührt wird, ist für kurze Zeit „versteinert" und muss, wie ein steinernes Denkmal, ganz ruhig stehen bleiben.
  Er darf sich erst wieder bewegen und weiterlaufen, wenn der Gongschlag erneut ertönt. Dann sind alle versteinerten Mitspieler wieder frei, und ein anderes Kind wird Zauberer.

Tipp:

Beobachten Sie gut, wann die Ruhephasen abgebrochen werden sollten. Auch die Dauer der Phase des Fangens kann unterschiedlich lang ausfallen. Damit die Kinder diese Zeit mitbestimmen können, kann folgende Vereinbarung getroffen werden: Wenn der Fänger seine Rolle abgeben möchte, reicht er der Spielleitung den Zauberstab.

Fliegende Ufos

Material:
viele Pappscheiben (Bierdeckel etc.)

Die Idee: Pappscheiben stellen „Ufos“ dar (unbekannte Flugobjekte, fliegende Untertassen), die durch die Luft fliegen und irgendwo im Raum landen können. Mit den Ufos können aber auch ruhigere Spiele – wie das Belegen des Körpers – durchgeführt werden.

Spielimpulse:

- **Bewegungsphase:** Probieren Sie mit den Kindern aus, wie die „Ufos“ zum Fliegen gebracht werden können. Werden sie waagerecht durch den Raum geworfen, schweben sie eine Weile und landen dann irgendwo auf dem Boden. Sie werden aufgenommen und wieder neu zum Fliegen gebracht.
  Die Kinder können auch versuchen, die Ufos auf einen bestimmten Landeplatz zu werfen (z.B. in einen in der Mitte des Raumes stehenden Karton oder in einen Korb, der unter der Decke aufgehängt wird).

- **Ruhephase:** Jeweils zwei Kinder bilden ein Paar. Eines der Kinder legt sich auf den Rücken und schließt die Augen, das andere macht ihm aus den Ufos eine Decke: Es legt ganz vorsichtig einen Pappdeckel nach dem anderen auf den Körper seines Partners und deckt ihn damit vollständig zu.
  Das am Boden liegende Kind darf nun entschieden, ob die Decke ganz langsam wieder aufgedeckt wird (Pappscheiben abnehmen) oder ob es sich selbst schütteln und so alle Pappscheiben abwerfen will. Dann werden die Rollen gewechselt.

Zappeltanz

Material:
keines

Die Idee: Einen Zappelphilipp gibt es in jeder Gruppe. Anstatt ihn immer wieder zu ermahnen, doch endlich einmal ruhig zu sein, kann es für das Kind, aber auch für die ganze Gruppe sehr hilfreich sein, wenn alle einmal in die Rolle des Zappelphilipps schlüpfen. Nach der ausgiebigen „Zappelzeit“ ist es dann sehr wohltuend (sowohl für den echten Zappelphilipp wie für die anderen), eine „Ruhezeit“ einzulegen, sich zu erholen und die Stille zu genießen.

Spielimpulse:

- **Bewegungsphase:** Fordern Sie die Kindern auf: *„Wir spielen Zappelphilipp: Der Zappelphilipp kann nicht ruhig sitzen, immer zappelt er herum. Er beginnt mit den Händen, schüttelt sie, dann schüttelt er die Schultern, den Oberkörper, sogar der Kopf wackelt hin und her, er schüttelt die Beine, den ganzen Körper. Der Zappelphilipp springt hin und her, hüpft auf der Stelle und im Raum umher.“*
- **Ruhephase:** *„Der Zappelphilipp ist vom vielen Zappeln ganz erschöpft, zum Ausruhen legt er sich auf den Boden oder auf eine Matte. Er freut sich über die Ruhepause und genießt es, gemütlich auf dem Boden zu liegen.“*

PRAXISTIPP

DIE KÖRPERWAHRNEHMUNG STÄRKEN

Für Kinder, die sehr bewegungsfreudig sind und Schwierigkeiten haben, sich über einen längeren Zeitraum zu konzentrieren, sind Bewegungspausen mit unterschiedlichen Aktivierungsniveaus hilfreich. Intensive körperliche Aktivität und Ruhephasen wechseln sich ab. In der Ruhephase wird die eigene Körperwahrnehmung unterstützt und die Aufmerksamkeit nach „innen" gerichtet.
Hier ist es hilfreich, von konkreten Vorstellungsbildern auszugehen, sie sprechen die Fantasie der Kinder an und fordern die aktive Mitarbeit heraus. Dadurch wird die eigene Körperwahrnehmung unterstützt und so die Möglichkeit gegeben, auch in anderen Alltagssituationen (z. B. bei Einschlafschwierigkeiten) darauf zurückzugreifen.

Fliegende Schmetterlinge

Material: Viele Chiffontücher, evtl. Reifen oder Teppichfliesen

Die Idee: Chiffon- oder Seidentücher, Stoffbänder und leichte Stofftücher lassen sich durch Bewegung immer wieder in neue Formen bringen. Ihre Bewegungen ähneln dem Flattern von Schmetterlingen.

Spielimpulse:

- Fordern Sie die Kinder auf, mit den Tüchern zu experimentieren: Wie kann man das Tuch in der Luft schwingen, mit den Händen hochwerfen und mit einem Körperteil wieder fangen, sich beim Schwingen im Kreis drehen oder andere Bewegungen „erfinden"?
- Jedes Kind erhält zwei Chiffontücher und stellt sich vor, die Tücher seien Schmetterlingsflügel. Die Schmetterlinge fliegen im Raum, lassen ihre Flügel flattern, und wenn sie müde sind, setzen sie sich auf eine Blume (am Boden liegende Reifen oder Teppichfliesen) und ruhen sich aus.

Die Königin befiehlt

Material:
Tennisring oder Sandsäckchen

Die Idee: Die Königin „befiehlt“, welche Bewegungen die Untertanen in ihrem Land ausführen müssen, indem sie bestimmte Tätigkeiten zuerst benennt und dann den Untertanen kurz vormacht. Danach müssen die Untertanen alle von der Königin befohlenen Tätigkeiten pantomimisch ausführen.

Spielimpulse:

- Übernehmen Sie zunächst die Rolle der Königin: Begonnen wird mit sehr intensiven Bewegungsformen: hüpfen, rennen, rückwärtsgehen etc.
- Nach und nach werden die Aktivitäten dann immer ruhiger: schleichen, leise gehen, über den Boden kriechen, Arme ausschütteln, Beine ausschütteln, sich hinsetzen, sich hinlegen, gähnen, Augen schließen, tief atmen, einschlafen.
  Danach folgt eine Weile Stille. Nach 1–2 Minuten gibt die Königin vor: *„Aufwachen, die Augen öffnen und sich ruhig hinsetzen.“*
- Auch ein Kind kann die Rolle der Königin übernehmen. Damit besser erkennbar ist, wer diese Rolle innehat, trägt die Königin eine „Krone“ (einen Tennisring oder ein Sandsäckchen, das auf dem Kopf liegt).

Tipp:

Kindern fallen immer wieder neue Bewegungsformen ein. Wichtig ist in diesem Spiel aber, dass zwischendurch auch eine Ruheposition eingenommen wird.

Kapitel 2

Wilde Spiele und Stilleübungen

Wilde Spiele, Raufen und Toben sind bei den meisten Kindern besonders beliebt. Viele Erwachsene hingegen scheinen grundsätzlich etwas gegen das Toben zu haben, sie interpretieren es als sinnlose Kräftevergeudung oder als nutzloses Herumrennen. Dabei haben wilde Spiele, das Toben und das intensive Sich-körperlich-Verausgaben eine wichtige Bedeutung: Durch sie lernt das Kind den Umgang mit den eigenen körperlichen Kräften und der eigenen Energie, es lernt sich selbst einzuschätzen. Toben und Raufen haben aber noch einen weiteren Sinn, sie können nämlich einen Prozess der Selbstregulation in Gang setzen, da nach einer gewissen Tobezeit bei den Kindern das Bedürfnis nach Ruhe von selbst eintritt.

Voraussetzung für die Durchführung wilder Spiele ist ein ausreichend großer Raum, in dem die äußeren Gefahrenquellen möglichst gering gehalten werden sollten. Gefährliche Möbel sollten also weggerückt, zerbrechliche Gegenstände entfernt und Matten sowie Polster ausgelegt werden, damit bei einem Sturz keine Verletzungen entstehen.

Außerdem sollten eindeutige Regeln vereinbart werden, durch die klare Grenzen gesetzt werden und die Kinder Schutz geben vor ihren – manchmal vielleicht allzu wilden – Kameraden.

> Wilde Spiele erlauben spielerisches Kämpfen, allerdings nur mit Partnern oder Gegnern, die ihre Bereitschaft hierzu erklärt haben. Es gibt Kinder, die diese Spiele nicht mögen, sie sollten die Möglichkeit haben, dem Spiel fernbleiben zu können.

Tanz auf heißem Sand

Material:
keines

Die Idee: Jedes Kind hat schon einmal erlebt wie es ist, wenn man an einem heißen sonnigen Tag barfuß auf einer Betonfläche oder auf Sand steht. Ganz automatisch fängt man an, ganz schnelle kleine Schritte zu machen, um nur ja nicht zu lange Kontakt mit dem heißen Boden zu haben.

Spielimpulse:

- **Bewegungsspiel:** Die Kinder stellen sich vor, sie stünden auf heißem Sand. Damit die Fußsohlen nicht verbrennen, müssen sie ganz viele kurze, kleine Schritte machen. Jeder Fuß berührt den Boden nur so kurz wie möglich.
- **Ruhephase:** Gießt man Wasser über den Sand, kühlt er schnell ab. Jetzt ist er nicht mehr allzu heiß, sondern gemütlich warm. Genau richtig, um sich zum Ausruhen in den Sand zu legen.

WISSEN KOMPAKT

Blockaden lösen, Selbstvertrauen gewinnen

Der bewusste Umgang mit An- und Entspannung hilft dabei, zur Ruhe zu kommen und Blockaden lösen zu können. Ein Kind gewinnt an Selbstvertrauen, wenn es das Gefühl hat, eine Situation unter Kontrolle zu haben und sie aus eigener Kraft beeinflussen zu können.

Klammern jagen

Material:
viele Wäscheklammern

Die Idee: Beim Wäscheklammernjagen geht es wild zu. Jeder versucht so viele Klammern zu erobern wie möglich. Da ist das abschließende Ruhespiel, eine wohltuende Pause.

Spielimpulse:

- **Bewegungsspiel:** Jedes Kind hat 4 bis 5 Wäscheklammern, die es an seine Kleidung steckt. Nun dürfen alle auf Klammernjagd gehen: Jeder versucht, einem anderen hinterherzujagen und von dessen Kleidung Wäscheklammern abzunehmen. Diese sollte er sich dann möglichst schnell wieder anstecken.
- **Ruhephase:** Nach diesem bewegungsintensiven Spiel fordern Sie die Kinder zu einer Pause auf. Die Kinder entfern ihre Klammern und legen sich auf eine Weichbodenmatte oder eine am Boden liegende Matratze. Erzählen Sie die Geschichte von der Klammernprinzessin: „*Es war einmal eine Prinzessin, die war so empfindsam, dass sie sogar im Schlaf spürte, wenn ihr jemand eine Klammer auf die Bettdecke legte.*“ Die Kinder schließen die Augen, legen Sie auf jedes Kind eine Wäscheklammer. Wenn es die Klammer spürt, darf es die Augen öffnen und sie abnehmen.

Tipp:

Dicke, robuste Klammern verwenden, die gut an Kleidungsstücke zu stecken sind. Damit der Pinzettengriff mit Daumen und Zeigefinger beherrscht wird, sollte das Klammernstecken vorher bereits einmal ausprobiert werden.

Pferdegespanne

Material:
Seile

Die Idee: Pferdchen laufen und galoppieren gerne durch den Raum, sie werden jedoch auch schnell müde. Dann legen sie sich auf den Boden – und werden von ihren Reitern mit dem Seil massiert.

Spielimpulse:

- **Bewegungsspiel:** Die Kinder stellen sich paarweise zusammen. Jeweils ein Kind ist das Pferd, das andere der Kutscher. Der Kutscher legt dem Pferd die Zügel (Seil) um, er hält jedes Seilende in einer Hand und führt nun das Pferd. Zieht er die Zügel nach rechts, muss das Pferd nach rechts gehen und entsprechend auch zur anderen Seite. Leichtes Auf- und Abschlagen des Seiles bedeutet „schneller laufen". Wenn der Kutscher am Seil zieht, bedeutet dies, dass das Pferdchen langsamer laufen und sogar anhalten muss. Das Pferdchen muss genau spüren, welche Signale ihm der Kutscher gibt.
- **Ruhephase:** Kutscher und Pferd machen nun eine Pause, sie setzen sich auf den Boden und ruhen sich aus. Der Kutscher „striegelt" sein Pferdchen und reibt ihm den Rücken trocken (Seil mehrfach zusammenlegen und sanft über den Rücken rubbeln). Nach der Pause wird ein Rollentausch vorgenommen.

Zeitungszauber

Material: viele Zeitungsblätter

Die Idee: Jedes Kind hat ein Zeitungsblatt. Die Zeitung kann verzaubert werden: Mal ist sie ein Dach zum Schutz vor Sonne und Regen, dann ist sie eine Wasserpfütze, dann wiederum ein Floß, auf dem man über das Wasser schwimmen kann. Jede Zauberidee ist mit Bewegung verbunden

Spielimpulse:

- **Bewegungsspiele:** Die Kinder fassen das Zeitungsblatt an zwei Ecken, halten es über den Kopf und laufen damit durch den Raum. Die Zeitung flattert nun wie ein Dach über dem Kopf. Je schneller sie laufen, umso mehr flattert die Zeitung.
  Wird die Zeitung in eine Wasserpfütze verzaubert, liegt sie am Boden und die Kinder können sie überspringen, hineinspringen oder um alle Pfützen herumlaufen.
- **Ruhephase:** Zwischen den einzelnen Zauberideen gibt es jeweils eine Ausruhphase: Die Kinder legen sich auf ihr auf dem Boden liegendes Zeitungsblatt und ruhen sich aus. Dabei können Sie auch eine kurze Geschichte erzählen, die zur nächsten Zauberidee weiterleiten soll.

Schlangen fangen

Material:
Seile

Die Idee: Seile werden in Schlangen verwandelt. Wenn sie an einem Ende gehalten und auf und ab oder hin und her bewegt werden, schlängeln sie sich schnell über den Boden.

Spielimpulse:

- **Bewegungsspiel:** Die Hälfte der Kinder hat Seile, die sie auf dem Boden schlängeln, während sie durch den Raum laufen oder gehen. Die anderen Mitspieler versuchen, auf die Seile - die Schlangen - zu treten. Wer es schafft, auf eine Schlange zu treten, wird der neue Schlangenbesitzer. Er erhält die Schlange und darf sie nun auf dem Boden schlängeln lassen.
- **Ruhephase:** Alle Schlangen machen Mittagsschlaf. Sie legen sich in die Sonne, rollen sich zusammen, machen sich ganz klein und ruhen sich aus.

Hinweis:

Dies ist ein intensives Laufspiel, bei dem es leicht zu Zusammenstößen kommen kann. Daher sollten die Kinder immer wieder darauf hingewiesen werden, dass man beim Laufen immer auch auf die anderen achten und selbst beim Rückwärtslaufen nach hinten und zur Seite schauen muss.

Schatz bewachen

Material:
Tücher oder Sandsäckchen

Die Idee: Dieses Spiel hat keine eindeutige Ruhephase, denn sowohl Monster als auch Schatzräuber müssen immer auf der Hut sein, die Schatzräuber selbst dann, wenn das Monster schläft. Das Spiel eignet sich aber gut für Kindergruppen, die den Wechsel zwischen spannungsvollen, leisen Phasen und wildem Nachlaufspiel lieben.

Spielimpuls:

- In der Mitte des Raumes sitzt ein Monster, das einen wertvollen Schatz bewacht (bunte Tücher, Sandsäckchen o. Ä.). Die Kinder wollen dem Monster den Schatz entreißen, müssen aber gut aufpassen, denn das Monster ist natürlich wild und sehr gefährlich. Manchmal schläft es aber, und das ist ein guter Moment, um an den Schatz heranzukommen. Leise schleichen sich die Kinder an das Monster heran und versuchen, ihm den Schatz wegzunehmen. Wird das Monster aus dem Schlaf geweckt, reagiert es wütend und faucht und versucht, die Kinder einzufangen.
  Die vom Monster gefangenen Kinder sind nun verzaubert und dürfen den Schatz mit ihm gemeinsam verteidigen.
- Das Spiel ist beendet, wenn nur noch wenige unverzauberte Kinder übrig sind.

Würfelrennen

Material: großer Schaumstoffwürfel, Bettlaken oder Schwungtuch

Die Idee: Die Punktzahl auf einem Würfel dient als Angabe der Runden, die die Kinder um ein Schwungtuch herumrennen.

Spielimpulse:

- **Bewegungsspiel:** Die Kinder stehen um ein Bettlaken oder um ein Schwungtuch herum, auf dem ein Würfel liegt. Sie fassen das Tuch mit beiden Händen, schwingen es hoch und schleudern damit den Würfel in die Luft. Wenn der Würfel wieder auf dem Tuch landet, wird nachgeschaut, wie viele Punkte sie „gewürfelt" haben. Sie legen das Tuch ab und laufen die entsprechende Anzahl Runden um das Tuch.
- **Ruhephase:** Die „Sechs" ist der Glückstreffer. Wird eine Sechs gewürfelt, dürfen sich alle auf das Tuch legen und ausruhen.
  Erzählen Sie den Kindern dabei eine kurze Traumgeschichte (siehe Kapitel 8, Seite 90 ff.)

Boxkampf

Material: eventuell mehrere an der Decke befestigte Luftballons oder Kissen

Die Idee: Manchmal sind Kinder so richtig wütend auf jemanden und verspüren vielleicht sogar das Bedürfnis, zuzuschlagen. Natürlich wissen sie aber auch, dass das nicht in Ordnung ist und dass außerdem die Gefahr besteht, dem anderen wehzutun oder ihn zu verletzen. Wie wäre es aber mit einem Kampf gegen einen unsichtbaren Gegner? Einem Gegner, der gar nicht spürt, wenn er berührt wird.

Spielimpulse:

- Sprechen Sie mit den Kindern über das Thema „Wut“. *Wart ihr schon einmal richtig wütend?*
- Hängen Sie im Raum an einem Seil einen dicken Luftballon auf oder ein pralles Kissen, das als Boxsack gilt.
- Wer möchte, kann nun mit den Händen auf den Boxsack einschlagen, kann gegen ihn treten.
- Jeder Boxkampf hat eine Pause. Deswegen setzen sich jetzt alle Kämpfer auf die Erde und erholen sich von der Anstrengung, indem sie ganz tief ein- und ausatmen. Der Atem bringt ihnen neue Energie.

Tipp:

Die Kinder sollten um sich herum genügend Platz haben, für enge Räume ist das Spiel weniger gut geeignet.

Kapitel 3

Die Kraft des Atems spüren

Atemlos, außer Atem, kurzatmig – wenn wir uns in Stresssituationen befinden oder in Eile sind, spüren wir dies auch an unserer Atmung.

Meist atmen wir ganz unbewusst, ohne uns Gedanken über die Bedeutung des Atmens und über unsere Atemweise zu machen. Dabei ist die Atmung Voraussetzung für das Leben: Der Organismus wird mit Sauerstoff versorgt, verbrauchte Luft wird zusammen mit Stoffwechselschlacken ausgeschieden, frische Luft wird zugeführt, und damit werden auch die Zellen mit Sauerstoff versehen.

Der wichtigste Atemmuskel ist das Zwerchfell. Wenn wir einatmen, zieht sich das Zwerchfell zusammen und die Lungen füllen sich mit Luft. Dabei hebt sich die Bauchdecke etwas an – in der Rückenlage kann man dies erkennen (und auch für das Bewusstwerden der Atmung bei Kindern nutzen).

Die folgenden Spielideen sollen dazu beitragen, dass die Kinder einmal für kurze Zeit auf ihren Atem achten. Verschiedene Atemräume wie Brust und Bauch sollen spielerisch erfahren werden.

Die günstigste Ausgangsposition für Entspannungsübungen, bei denen besonders auf die Atmung geachtet wird, ist die Rückenlage. Die Atmung ist hier freier, Bauch und Brustkorb können sich ausdehnen. Kopf, Arme und Beine liegen ruhig auf dem Boden auf, die Konzentration kann ganz auf die Atmung gerichtet werden.

Die Atemübungen und -spiele sollten, wenn möglich, an der frischen Luft, zumindest aber bei geöffnetem Fenster durchgeführt werden.

Welke Blume

Material:
keines

Die Idee: Welke Blumen benötigen oft nur wenig Wasser – und schon richten sie sich wieder auf. Die Kinder spielen Blumen, die erst ganz verwelkt sind und dann aufrecht wachsen.

Spielimpulse:

- Sprechen Sie mit den Kindern über die Wirkung des Wassers auf eine Blume.
- Die Kinder stehen verteilt im Raum und stellen sich vor, eine Blume sein. Begleiten Sie die Vorstellungen der Kinder: *„Wenn eine Tulpe zu wenig Wasser hat, welken ihre Blüten und Blätter und fallen zusammen. Dann wird sie mit Wasser gegossen und blüht wieder auf."*
  Die Kinder stellen die Blume im Stehen dar, dabei sind die Arme und Hände die Blütenblätter, die beim Aufblühen zur Seite angehoben werden und beim Welken schlaff zur Seite fallen.
- Die Blume kann auch mehrfach gegossen werden (gießen Sie symbolisch über jedes Kind Wasser), sie blüht auf, und kurze Zeit später trocknet sie wieder aus (dabei fällt sie zusammen).

Tipp:

Sie sollten die Kinder darauf hinweisen, dass sie beim „Aufblühen" tief einatmen und beim „Zusammenfallen" ausatmen.

10
TOURNAMENT
COMPETITION

Sternschnuppen

Material:
viele lange Streifen aus Plastikfolie (dünne Abdeckplane), eventuell auch leichte Chiffontücher

Die Idee: Jedes Kind hat einen langen Streifen aus Plastikfolie und probiert, wie es diesen zum Schweben und Fliegen bringen kann. Man kann ihn hochwerfen und mit den Händen auffangen, man kann aber auch versuchen, ihn mit anderen Körperteilen zu fangen.

Spielimpulse:
Nach einer Phase des Ausprobierens stellen Sie den Kindern konkrete Aufgaben:

- *„Versucht, den Streifen so hoch zu werfen, dass er nur ganz langsam wieder auf die Erde sinkt. Er sieht aus wie eine Sternschnuppe, die über den Himmel huscht. Vielleicht habt ihr so viel Zeit, dass ihr euch einmal drehen könnt, bevor ihr die Sternschnuppe auffangt.*
- *Nun versucht, die Sternschnuppe in Bewegung zu versetzen, ohne sie zu berühren. Treibt sie nur mit dem Atem an – vielleicht zuerst einmal auf dem Boden liegend. Könnt ihr die Sternschnuppe über den Boden pusten und ihr hinterherrutschen, um sie wieder einzuholen?*
- *Versucht einmal, die Sternschnuppe in die Luft zu pusten. Könnt ihr sie auch so zum Schweben bringen? Dabei müsst ihr ganz tief und fest ausatmen, denn die Sternschnuppe will immer wieder herunterkommen.“*

Pusteballon

Material:
Luftballons und Strohhalme

Die Idee: Jedes Kind hat einen aufgeblasenen Luftballon und einen Strohhalm. Der Luftballon soll in Bewegung gebracht werden, ohne dass er berührt wird.

Spielimpulse:

- Mit dem Strohhalm versuchen die Kinder, den Ballon zunächst über den Boden zu pusten. Ohne den Ballon zu berühren soll er an einen bestimmten Ort gepustet werden.
- Wenn sie an dem Strohhalm saugen, bleibt der Ballon daran haften.
- Die Kinder wechseln ab zwischen saugen und pusten.

Tipp:

Für diese Aufgabe können Strohhalme mit unterschiedlichem Durchmesser verwendet werden. Lässt sich der Ballon besser mit einem „dicken“ oder einem „dünnen“ Strohhalm in Bewegung versetzen?

Wattepusten

Material:
Tisch und viele Wattebällchen, Papierrollen (von Haushalts- oder Toilettenpapier)

Die Idee: Um einen Wattebausch mit dem Atem in Bewegung zu versetzen bedarf es kräftiger Züge des Ausatmens. Dabei können die Kinder die Wirkung selbst erkennen – wenn die Wattekugel zu rollen beginnt.

Spielimpuls:

- Mehrere Kinder hocken oder sitzen um einen großen Tisch herum. Jedes Kind hat ein Wattebällchen, das es durch Pusten über den Tisch schicken will. Es soll möglichst bis zu einem anderen Mitspieler gelangen.

Tipp:

Unterstützen Sie die Versuche der Kinder, indem sie darauf hinweisen, dass sie ganz kräftig pusten müssen, damit die Wattekugel rollt.

Kuscheltier-Schaukel

Material: Matten oder Decken als Unterlagen, kleinere Kuscheltiere (Alternative: Sandsäckchen)

Die Idee: Auf dem Boden verteilt liegen Matten oder Decken, für jedes Kind eine. Alle Kinder suchen sich einen Platz und legen sich dort auf den Rücken. Jedes Kind hat ein Kuscheltier und legt es sich auf die Brust. Die Kinder sollen nun bewusst auf ihren Atem achten.

Spielimpulse:

Begleiten Sie die Versuche der Kinder, indem Sie konkrete Hinweise geben:

- *„Atme tief durch die Nase ein und verfolge, wohin die Luft strömt. Du kannst die Luft in der Brust und in der Lunge spüren, du kannst aber auch ganz tief in den Bauch einatmen.*
- *Atme tief aus und lasse dir dabei Zeit. Spüre deinen Atem – wie er ganz ruhig und regelmäßig in deinen Körper strömt und wieder herausfließt.*
- *Nun beobachte das Kuscheltier auf deiner Brust. Es bewegt sich nach oben, wenn du einatmest, und sinkt wieder herunter, wenn du ausatmest.“*

Anschließend wird das Kuscheltier auf den Bauch gelegt. Auch hier wird es durch tiefe Ein- und Ausatmung auf und ab bewegt.

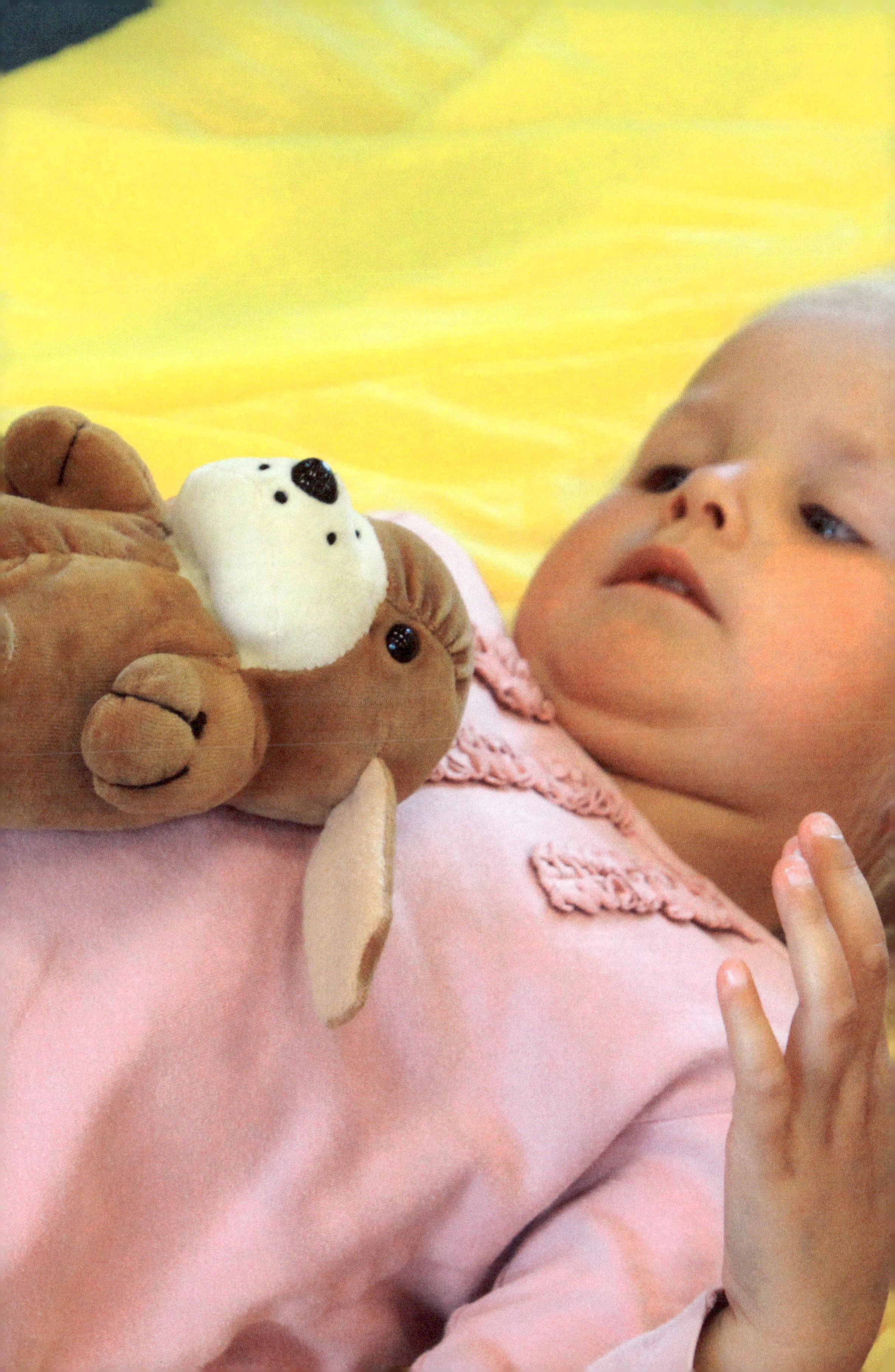

WISSEN KOMPAKT

Was heißt Entspannung?

Um sich entspannen zu können, bedarf es weder einer ganz spezifischen Technik noch eines bestimmten Umfeldes. Beim Prozess der Entspannung handelt es sich vielmehr um einen natürlichen Prozess, bei dem mehr oder weniger willkürlich bzw. bewusst Veränderungen auf körperlicher, psychischer und auf der Verhaltensebene ausgelöst werden können.
Es gibt unterschiedliche Methoden, sich zu entspannen, wobei allen Verfahren gemeinsam ist, dass sie mit einer Intensivierung der Wahrnehmung, insbesondere der Körperwahrnehmung einhergehen.
Für Kinder geeignet sind vor allem Methoden der Entspannung, bei denen sie aktiv mitwirken können und bei denen sie über Vorstellungsbilder ein Gefühl für das bewusste Anspannen und Entspannen ihrer Muskulatur erhalten.
Kinder bevorzugen Verfahren, die spielerisch durchgeführt werden können und ihre Fantasie ansprechen. Geschichten, in denen sie sich selber wiederfinden oder Spielfiguren, mit denen sie sich identifizieren können, erleichtern den Zugang zu den Kindern und geben ihnen die Möglichkeit, sich aktiv am Entspannungsprozess zu beteiligen.

Luftballon

Material: keines

Die Idee: Die Kinder liegen am Boden und stellen sich vor, sie seien ein Luftballon, der aufgeblasen werden soll.

Spielimpulse:

- Zunächst liegt der Ballon noch ganz schlaff auf dem Boden. Die Kinder atmen ganz tief ein und aus, dabei wird der Ballon mit jedem tiefen Atemzug dicker. Sie richten sich langsam auf, der Körper wird bei jedem Atemzug ein bisschen mehr angespannt (trotzdem ruhig weiteratmen), die Arme strecken sich und breiten sich zur Seite aus.
- Die Kinder stehen auf den Zehenspitzen, der Luftballon ist prall mit Luft gefüllt. Mehr Luft geht nicht in den Ballon hincin.
- Nun wird die Luft langsam wieder abgelassen. Man hört die Luft zischen, die Arme fallen schlaff am Körper herunter, langsam sinkt der ganze Körper wieder zu Boden und bleibt dort ganz ruhig liegen.

Tipp:

Besonders viel Spaß macht es den Kindern, wenn der Luftballon – sobald er schön dick aufgeblasen ist – platzt und sie dann taumelnd zu Boden fallen wie ein richtiger Ballon. Möglich ist auch, dass ein Kind herumgeht und die anderen kurz antippt: Diese Geste symbolisiert die Nadel, die die Ballons zum Platzen bringt.

Kapitel 4

Spannung und Entspannung – Die Balance finden

Damit Kinder sich überhaupt vorstellen können, was Entspannung bedeutet, ist es hilfreich, Vorstellungsbilder heranzuziehen. So kann man z. B. mithilfe eines Gummibands verdeutlichen, was geschieht, wenn man das Band anspannt bzw. es lockerlässt. Zieht man daran, so wird es größer und länger, lässt man wieder locker, wird es schlaff und auch wieder kürzer.
Diesen Wechsel zwischen Anspannung und Entspannung können Kinder am Beispiel eines richtigen Gummibands beobachten, sie können aber auch selbst Gummiband spielen.
Die folgenden Spielangebote folgen dem Prinzip der progressiven Muskelentspannung. Schrittweise werden einzelne Muskelgruppen angespannt und dann wieder entspannt. Dies kann durch Spielideen mit konkreten Vorstellungsbildern erprobt werden.

Mitmachen – immer freiwillig

Manche Kinder lieben Entspannungsphasen, andere reagieren eher mit Abwehr, wenn sie nur den Begriff „Stille“ hören. Wenn ein Kind sich weigert, an den Entspannungseinheiten teilzunehmen, sollte man ihm die Möglichkeit lassen, diese von außen zu begleiten, passiv mitzumachen, sich an den Rand zu setzen und einfach einmal zuzuschauen.

Gummiband

Material:
Matte oder Decke

Die Idee: Die Kinder stellen sich vor, ihre Arme und Beine seien aus Gummi. Wenn man daran zieht, können sie länger werden, lässt man sie los, werden sie wieder kürzer.

Spielimpulse:

Zum bewussten Erleben der Anspannung und der anschließenden Entspannung begleiten Sie die Kinder mit folgenden konkreten Anleitungen:

- *„Stell dir vor, jemand zieht deinen Arm an den Fingerspitzen nach oben. Dabei wird dein Arm immer länger, wie ein Gummiband, das man ganz weit auseinanderziehen kann. Dann schwindet die Spannung langsam, das Gummiband gibt nach, der Arm sinkt langsam wieder nach unten auf den Boden und liegt nun schlaff neben deinem Körper. Schließe dabei die Augen, dann kannst du besser spüren, was in dir passiert. Nun versuche das gleiche mit dem anderen Arm und danach auch mit den Beinen."*
- **Variation:** Die Kinder stellen sich vor, dass an ihren Händen oder Füßen ein Gummiband befestigt ist, an dem jemand ganz leicht zieht. Was wird passieren?

Tipp:

Geschlossene Augen helfen dabei, in sich hineinzuspüren. Diese Aufgabe ist eher für ältere Kinder geeignet, da sie eine gewisse Vorstellungskraft voraussetzt.

WISSEN KOMPAKT

Progressive Muskelentspannung

Bei der progressiven Muskelentspannung handelt es sich um ein Verfahren, das von dem Psychologen Edmund Jacobson entwickelt wurde. Er hatte festgestellt, dass alle emotionalen Erregungszustände und durch Stress, Angst oder Nervosität bedingte Anspannungen eine Erhöhung des Muskeltonus (der Muskelspannung) bewirken. Daraus folgerte er, dass sich eine Entspannung der Muskulatur auch günstig auf die Psyche und die emotionale Grundstimmung eines Menschen auswirken müsse.
Die Übungen der progressiven Muskelentspannung zielen daher darauf ab, die einzelnen Muskelgruppen (Arme, Beine, Rumpf etc.) zunächst systematisch anzuspannen und dann nach einigen Sekunden wieder loszulassen. Durch den Kontrasteffekt spürt der Übende deutlich den Unterschied zwischen angespannter und entspannter Muskulatur, er merkt, dass er ihn willentlich hervorrufen kann. Nach längerer Übungszeit soll der Übende dann so sensibilisiert werden, dass er auch im Alltag spürt, wenn bestimmte Muskelgruppen eventuell unnötig angespannt sind, damit er sie dann willentlich lösen kann, um damit auch zu einer mentalen Entspannung zu kommen.
Die Aufforderungen zu bestimmten Entspannungsübungen werden zwar zunächst von einem Übungsleiter vorgegeben, Ziel ist jedoch, dass der Übende lernt, die Phasen der Aktivierung und Lösung selbst zu regulieren. Die progressive Muskelentspannung ist ein aktives Verfahren, d.h. dass anstelle einer Vorstellung (Suggestion, Einreden) das aktive Tun im Vordergrund steht. Wird die Entspannung erlebt, so lernt die Person, die eigene Anspannung und Entspannung zu regulieren. Für Kinder kann die Methode der progressiven Muskelentspannung gut in Spielideen mit Vorstellungshilfen eingebunden werden.
Diese Methode ist auch ohne professionelle Anleitung sowohl von Pädagoginnen als auch von Kindern leicht zu erlernen. Durch die gezielte Anspannung und die nachfolgende Lockerung von Muskelgruppen kommt es insbesondere wegen des bewussten Erlebens des Kontrastes zu intensiven Entspannungsempfindungen (Salbert 2016; Reeker-Lange u.a. 2021).

Samenkörner wachsen

Material: keines

Die Idee: Die Kinder liegen zusammengekauert auf der Erde. Sie stellen sich vor, sie seien Samenkörner, aus denen kleine Pflanzen wachsen.

Spielimpulse:
Unterstützen Sie die Spielidee mit konkreten Anleitungen:

- *„Die Sonne scheint auf das Samenkorn, es fängt an zu sprießen und langsam aus der Erde herauszuwachsen.“* (Die Kinder recken und strecken sich am Boden.)
- *„Aus dem Samenkorn ist jetzt eine Pflanze geworden, die weiterwächst und immer größer wird.“* (Die Kinder richten sich langsam aus ihrer zusammengekauerten Haltung auf.)
- *„Aus der Pflanze sprießt sogar eine schöne Blüte.“* (Die Kinder richten den Kopf auf.)
- *„Jetzt wachsen die Blätter der Blume,“* (Die Kinder strecken die Arme zur Seite aus.), *„sie werden immer größer und entfalten sich.“*
- *„Der Wind weht, die Blume wiegt sich hin und her. Aber nach einiger Zeit welkt die Blume und fällt in sich zusammen.“* (Die Kinder sinken wieder in ihre zusammengekauerte Stellung auf dem Boden zurück.)

Locker und angespannt

Material:
Matte oder Decke als Unterlage für jedes Kind

Die Idee: Die Kinder liegen auf dem Rücken auf einer Decke oder einer Matte. Fordern Sie die Kinder auf, nacheinander alle Körperteile anzuspannen und wieder locker zu lassen.

Sprechen Sie zu den Kindern:
„Schließt die Augen, damit ihr euch ganz auf euren Körper konzentrieren könnt. Spannt nun einen Arm ganz fest an, so als ob ihr jemandem eure Muskeln zeigen wolltet. Haltet die Spannung etwas, dann lasst ihr sie langsam wieder „los“, spürt, wie es jetzt in euren Armen kribbelt.
Ballt die Hand zu einer Faust und stellt euch dabei vor, ihr würdet einen Schwamm ganz fest ausdrücken.
Lasst den Arm und die Faust wieder los, lasst sie ganz locker neben dem Körper liegen.
Und jetzt das Gleiche mit dem anderen Arm und der anderen Hand: den Arm ganz fest anspannen und die Hand zur Faust ballen.
Jetzt konzentriert euch auf eure Schultern. Zieht sie ganz kräftig nach oben, versucht mit den Schultern die Ohren zu berühren. Lasst die Schultern wieder fallen, sie fühlen sich nun angenehm locker und entspannt an.
Als Nächstes ist der Bauch dran: Versucht, den Bauch einzuziehen, so als ob ihr eine zu enge Hose anhättet und den Reißverschluss zuziehen wollt. Danach die Bauchmuskeln wieder lockern.
Und jetzt konzentriert euch auf das rechte Bein: Streckt es aus und stellt euch dabei vor, ihr wolltet mit der Fußspitze einen entfernt liegenden Gegenstand erreichen. Anschließend lockern.

Zum Schluss wird auch noch die Stirn gerunzelt: Macht ein ganz grimmiges, böses Gesicht und beißt die Zähne fest zusammen. Anschließend wieder lockern.
Jetzt ist euer ganzer Körper entspannt. Öffnet jetzt langsam die Augen und richtet euch auf. Reckt und streckt eure Arme, vielleicht auch die Beine, und setzt euch wieder hin.“

In einem anschließenden Gespräch können sich die Kinder darüber austauschen, was sie in den betreffenden Muskelpartien gespürt haben. Wie fühlen sich die Muskeln im Arm an, spürt man einen Unterschied zwischen der Anspannung und der Entspannung (kribbeln, Gefühl der „Schwere“)? Hat sich die Atmung verändert?

PRAXISTIPP

REGELN UND RITUALE

Entspannungsübungen können von Kindern besser eingeschätzt werden, wenn sie mit bestimmten Ritualen verbunden sind. So kann es hilfreich sein, die Entspannungsübungen immer in einem bestimmten Raum bzw. an einem bestimmten Ort des Bewegungs- oder des Gruppenraums durchzuführen, sie immer mit demselben Musikstück einzuleiten oder immer ein Schwungtuch als Unterlage zu benutzen. Rituale geben Kindern Sicherheit, sie schaffen Vertrauen. Die Kinder wissen, worauf sie sich einlassen.
Zu Beginn der Entspannungseinheiten sollten Regeln besprochen werden, die den Kindern einsichtig sind.

Regeln:

- Die Teilnahme an den Entspannungsübungen ist freiwillig, wer sich aber entscheidet mitzumachen, muss bis zum Schluss dabeibleiben.
- Teilnehmen kann man auch, indem man sich ruhig an den Rand setzt.
- Während der Entspannungs- und Ruheeinheiten sollte nicht gesprochen werden.
- Alle bleiben so lange ruhig liegen, bis das Signal zum Aufstehen gegeben wird.

Luftmatratze aufpumpen

Material:
Matte oder Decke als Unterlage

Die Idee: Die Kinder liegen am Boden. Sie stellen sich vor, eine Luftmatratze zu sein, die nun aufgepumpt wird.

Spielimpulse:

- Zuerst ist der obere Teil der Luftmatratze dran: Ahmen Sie das Geräusch eines Blasebalges nach, bei jedem Pusten wird die Luftmatratze ein Stückchen größer, praller mit Luft gefüllt. Wenn die Atemstöße nur noch ganz kurz kommen, ist die Matratze voller Luft.
  Nun überprüfen Sie, ob die Luftmatratze auch fest ist: Sind die Muskeln angespannt? Hierzu heben Sie die Arme nacheinander an und fühlen, ob sie auch angespannt sind.
- Anschließend wird die Luft wieder abgelassen, der „Stöpsel wird gezogen“, die Spannung entweicht ganz langsam.
  Nun ist der untere Teil der Luftmatratze dran.

Tipp:

Ältere Kinder können diese Aufgabe auch mit einem Partner, einer Partnerin ausführen. Dieser pumpt, unterstützt durch laute Blasgeräusche, die Luftmatratze pantomimisch auf. Das am Boden liegende Kind spannt dabei langsam den Körper an. Abschließend wird das Ventil geöffnet, und die Luft der „Matratze“ entweicht laut zischend.

Aufzug

Material: keines

Die Idee: Jeweils zwei Kinder stehen Rücken an Rücken und versuchen, sich gemeinsam hinzusetzen und wieder aufzustehen – wie ein Aufzug! Damit dies gelingt, benötigen sie eine gute Körperspannung.

Spielimpulse:

- Zwei Kinder stehen Rücken an Rücken, haken sich mit den Armen ein und versuchen, sich gemeinsam langsam hinzusetzen. Nun setzen sie die Fußsohle ganz fest auf den Boden auf, drücken ihre Rücken wieder aneinander und können so ohne allzu große Kraftanstrengung zusammen wieder aufstehen. Wie ein Aufzug oder wie ein Fahrstuhl können sie nun „hinauf- und hinunterfahren“.
- **Variation:** Man kann auch mit mehreren Kindern einen Aufzug bauen. Hierbei ist es am besten, aus dem Sitzen zu beginnen. Vier oder fünf Kinder setzen sich Rücken an Rücken dicht nebeneinander in einen Kreis und versuchen, gemeinsam aufzustehen.

Tipp:

Diese Aufgabe dient der Wahrnehmung der eigenen Körperkraft und Körperspannung. In der Übung selbst ist keine spezielle Entspannungsphase vorgesehen, deswegen kann anschließend eine Ruheübung ausgeführt werden.

Fliegen aus der Luft fangen

Material: keines

Die Idee: Die Kinder stellen sich vor, dass über ihren Köpfen Fliegen surren. Diese Fliegen wollen sie mit den Händen fangen.

Spielimpulse:

- Um die Fliege mit den Händen zu erreichen, müssen sie sich dehnen und strecken, die Arme nach oben recken und nach den Fliegen greifen. Zwischendurch können die Arme zum Ausruhen auch mal wieder herunterhängen.
- Ganz oben fliegt noch eine Fliege – ob die Kinder sie erreichen?
- **Variation:** Statt Fliegen können die Kinder sich auch vorstellen, Seifenblasen zu fangen.

Ein Langschläfer erwacht

Material:
Matten, Decken

Die Idee: Die Kinder liegen auf einer Matte oder Decke am Boden. Sie stellen sich vor, im Bett zu liegen und keine Lust zum Aufstehen zu haben.

Spielimpulse:
Unterstützen Sie die Spielidee mit konkreten Anleitungen:

- *„Stellt euch vor, ihr liegt morgens im Bett, und es ist eigentlich längst höchste Zeit zum Aufstehen. Aber ihr habt keine rechte Lust, aus dem kuscheligen Bett zu kriechen. Irgendwann machen dann doch die Arme den ersten Versuch: Sie recken und strecken sich, aber schon nach kurzer Zeit sinken sie wieder zurück. Schließt die Augen, noch ein paar Minuten könnt ihr liegen bleiben.*
- *Nun wird das rechte Bein vom schlechten Gewissen gepackt: Es will raus aus dem Bett, es streckt sich in verschiedene Richtungen, gibt jedoch wieder auf und fällt zurück. Genießt es, noch ein paar Minuten im Bett zu liegen.*
- *Nacheinander machen alle Körperteile den Versuch, den Langschläfer zum Aufstehen zu bewegen. Es siegt aber jedes Mal die Faulheit, und ihr sinkt zurück ins warme, weiche Bett.*
- *Doch dann zum Schluss, wenn Arme und Beine schon aufgegeben haben, setzt sich der Langschläfer im Bett auf … und steht auf …“*

WISSEN KOMPAKT

Wirkungen von Entspannung

Entspannungsverfahren wirken sich auf zwei Ebenen aus, auf der physiologischen (körperlichen) und auf der psychischen Ebene. Auf der körperlichen Ebene betreffen die Entspannungsreaktionen den Spannungszustand der Muskulatur, insbesondere der Stützmuskulatur, also der Arm-, Bein- und Rumpfmuskulatur: Sie „erschlafft". Auf der psychischen Ebene können Stimmungen und Gefühle beeinflusst werden.

Physiologische Wirkungen

Am unmittelbarsten sind die Veränderungen am Spannungszustand der Muskulatur, dem sogenannten Muskeltonus, zu erkennen. Bei einer erfolgreichen Entspannung wird der Grad der Anspannung der Muskulatur reduziert, die Muskulatur erschlafft.
Die beste Ausgangsposition zur Entspannung besteht daher im Liegen. Hier wird die Stützmotorik – die Arm-, Bein- und Rumpfmuskulatur – entlastet.

Psychische Wirkungen

Nach einer Entspannungsphase entsteht das Gefühl geistiger Frische und des Ausgeruhtseins. Man fühlt sich erholt, es tritt ein „entspannter Wachzustand" ein. Dies erhöht auch die Aufmerksamkeit und Konzentrationsfähigkeit, begünstigt die Fähigkeit zur Informationsverarbeitung und die Wahrnehmungsfähigkeit. Motorische Unruhe und übermäßige Aktivität werden reduziert, man wird ruhiger und kann sich besser konzentrieren. Auch emotionale Reaktionen werden gemindert, man wird ausgeglichener.

Der schmelzende Schneemann

Material: keines

Die Idee: Jedes Kind stellt sich vor, ein Schneemann zu sein, der im kalten Winter gebaut wurde. Diese Übung wird im Stehen durchgeführt.

Spielimpulse:
Besprechen Sie mit den Kindern, wie es sich anfühlt, ein festgefrorener Schneemann zu sein:

- *„Stolz und ganz aufrecht steht der Schneemann in der Wintersonne. In der einen Hand hat er einen Besen, die andere Hand hat er in die Hüfte gestemmt.*
- *Aber die Mittagssonne brennt heiß auf den armen Schneemann. Langsam beginnt er zu schmelzen, die ersten Wassertropfen fallen bereits auf den Boden. Dann lässt er den Besen fallen, auch die Hand kann er nicht mehr aufstützen.*
- *Der Schneemann wird immer kleiner, bis er schließlich zu Boden sinkt.“*

Tipp:

Der Schneemann kann natürlich in der Vorstellung der Kinder auch in der Nacht wieder aufgebaut werden oder in der Gefriertruhe neue Kräfte sammeln. So kann der Wechsel zwischen Anspannung und Entspannung mehrfach erfahren werden.

Kapitel 5

Kuschelkissen – Kissenschlacht

Ein Spielmaterial, das die Bewegungsbedürfnisse von Kindern ebenso erfüllt wie ihr Bedürfnis nach Ruhe und Entspannung ist das Kissen. Es kann für wilde Spiele genauso herhalten, wie es bei Entspannungsübungen zum Traumkissen werden kann.

Mit Kissen kann man kämpfen, werfen, sich abtreffen, man kann sie schleudern, man kann mit ihnen aber auch kuscheln, sich genussvoll darauflegen, sich damit zudecken und auf ihnen träumen. Man kann mit Kissen sogar bauen, auf ihnen balancieren, sie zu Häusern und in Landschaften verwandeln, es lassen sich damit Buden erstellen und Inseln erschaffen.

Kissen haben keine klar definierte Funktion – so wie dies bei vielen anderen Spielgeräten der Fall ist. In der Fantasie der Kinder kann ihre Bedeutung beim Spielen daher schnell wechseln.

Kissen können ein vielseitiges, kreativ einzusetzendes Bewegungs- und Spielgerät sein, das zudem kostengünstig und leicht zu beschaffen ist.

Wichtig ist, Kissen in großer Anzahl zur Verfügung zu haben, für jedes Kind der Gruppe mindestens eines, besser sogar zwei, dann lassen sich die beschriebenen Spielideen ohne weiteren Geräte oder Materialaufwand umsetzen.
Die Spielideen beinhalten sowohl sehr lebhafte Spiele als auch ruhigere. Vor allem nach Spielen, bei denen es über längere Zeit etwas wilder zugeht, sollten Anregungen für eine ruhigere Phase gegeben werden.

Wurftraining

Material:
für jedes Paar ein Kissen (mittlere Größe)

Die Idee: Die Kissen werden zum Wurftraining genutzt. Sie sind besser geeignet als ein Ball, da sie nicht weh tun, auch ängstliche Kinder sie auffangen und da sie sehr gut aufzufangen sind.

Spielimpulse:

- Die Kinder stellen sich paarweise auf. Jedes Paar hat ein Kissen, beide Spielpartner sollen gemeinsam herausfinden, wie man sich das Kissen zuwerfen kann. Mit den *Händen* fällt es noch leicht: Der Partner fängt das Kissen auf und wirft es gleich wieder zurück.
- Schon schwerer wird die Aufgabe, wenn zwischen den beiden Spielpartnern *der Abstand vergrößert* wird.
- Und richtig schwer wird die Aufgabe, wenn nicht die Hände, sondern die *Füße* zum Abwerfen benutzt werden: Eines der beiden Kinder legt das Kissen auf seinen Fußrücken und wirft es seinem Partner zu. Dieser fängt es mit den Händen auf und wirft es dann ebenfalls mit dem Fuß zurück. Schaffen die beiden es auch, sich das Kissen mit dem Fuß zuzuwerfen und es auch wieder mit dem Fuß aufzufangen?
- Der Abstand zwischen beiden Partnern darf frei gewählt werden.
- **Ruhespiel:** Eines der beiden Kinder legt sich auf den Boden, am besten auf den Bauch. Sein Partner deckt es vorsichtig mit den Kissen zu.

Kissen suchen

Material:
Kissen – in verschiedenen Größen, unterschiedlichen Formen und Farben, mit unterschiedlichem Gewicht, unterschiedlicher Füllung, unterschiedlichem Bezug

Die Idee: Jedes Kind sucht sich ein Kissen aus und merkt sich genau, wie es aussieht, wie es sich anfühlt, wie groß es ist etc.

Spielimpulse:

- Nun werden die Kissen im ganzen Raum auf dem Boden verteilt. Zwischen den Kissen wird jeweils ein ausreichend großer Abstand gelassen, sodass die Kinder um alle Kissen herumlaufen können – im Slalom, mit Überspringen der Kissen, in engen oder weiten Kurven.
- Unterbrechen Sie die Bewegungsformen der Kinder mit einem Signal (Trommelschlag, Händeklatschen o. Ä.). Jeder soll „sein“ Kissen wiederfinden.
- Beim nächsten Durchgang vertauschen Sie einige Kissen, legen sie an eine andere Stelle.
  Findet jedes Kind sein Kissen wieder?
  Besprechen Sie mit den Kindern, woran sie ihr Kissen wiedererkannt haben.
- **Ruhephase:** Die Kinder sitzen im Kreis und schließen die Augen. Ein Kissen nach dem anderen wird im Kreis herumgegeben. Die Kinder sollen das Kissen genau abtasten und sich merken, wie schwer es ist und welche Größe es hat. Dabei versucht jedes Kind, sein eigenes Kissen wiederzuerkennen.

PRAXISTIPP

RÜCKZUGSRÄUME SCHAFFEN – BUDEN, HÖHLEN, HÄNGEMATTEN

Kinder schaffen sich oft selbst einen Raum im Raum, indem sie Buden bauen oder Höhlen und Zelte konstruieren. Diese bieten ihnen Rückzugsmöglichkeiten, hier können sie sich ausruhen, träumen, allein sein, abschalten vom Lärm der Umgebung, sich entspannen.

Geeignet für diese Rückzugsräume sind z. B. Hängematten oder ein großes Schaukeltuch – mit stabilen Haken an der Decke befestigt. Sie schaffen Zonen der Ruhe und des Rückzugs und ermöglichen gleichzeitig intensive sensorische Erlebnisse, die ebenfalls beruhigend wirken können.

Aus Polstern und Kissen können Buden gebaut werden, mit Tüchern und Laken ist ein Abdecken, ein Verhängen der Buden möglich, Kartons laden zum Hineinkriechen ein, Matratzen und Matten werden zum Ausruhen und „Schlafen" genutzt.

Kartons in verschiedenen Größen (Umzugs- und Verpackungskartons, Bananenkartons) schaffen kleine Räume im Raum. Sie werden von den Kindern als Häuser und Verstecke genutzt, als Kriechtunnel hintereinander gestellt, dienen als Haus für Rollenspiele, als Boot, als Kuschelecke und Ruheraum.

In einer Kissenlandschaft unter der Treppe oder auf einer Matratzenecke können in einer Kleingruppe auch Entspannungsspiele durchgeführt werden. Ein Indianerzelt, das mit Kissen ausgepolstert ist, wird als Höhle gedeutet, in die man sich zurückziehen kann.

Diese Rückzugsräume werden von den Kindern selbst gestaltet. Sie bauen sie nach eigenen Vorstellungen und nach ihrer eigenen Fantasie, sie geben ihnen eine eigene Deutung.

Kissenschlacht

Material:
viele kleine und große Kissen, Schaumstoffteile, Schaumstoffwürfel

Die Idee: Die Kissen werden für eine Kissenschlacht verwendet.

Spielimpulse:

- **Bewegungsphase:** Die Kinder stehen sich in zwei Gruppen gegenüber. Zwischen beiden Gruppen ist auf dem Boden eine Linie gezeichnet oder mit einem Seil markiert. Zu Beginn hat jeder Mitspieler mehrere Kissen oder Schaumstoffwürfel und bewirft damit sein Gegenüber. Dabei darf die Mittellinie nicht übertreten werden. Die Kinder müssen immer wieder für Wurfgeschoss-Nachschub sorgen, indem sie die im eigenen Spielfeld gelandeten Kissen schnell wieder aufheben und zurückwerfen. Jede Gruppe darf die andere nur von ihrem eigenen Feld aus bewerfen.
- **Ruhephase:** Alle Mitspieler legen sich auf die Kissen und Schaumstoffwürfel und ruhen sich aus. Die Ruhephase kann mit einer Geschichte begleitet werden: *„Die Kissenwerfer haben den ganzen Tag hart gearbeitet und ihre Stadt vor Eindringlingen bewahrt. Jetzt sind sie vom vielen Werfen und Laufen ganz müde, legen sich auf ihre weichen Kissen und schlafen ein. Die Kissenwerfer sind froh, nun Pause machen zu dürfen …"*

Tipp:

Die Trennlinie soll verhindern, dass Kinder sich gegenseitig beim Werfen zu nahe kommen und sich gegenseitig bedrängen bzw. sich bedrängt fühlen.

Autoscooter

Material:
Kissen in unterschiedlicher Größe, für jedes Kind mindestens 2 Kissen

Die Idee: Die Kinder stecken sich die Kissen unter ihr T-Shirt, von hinten in die Hose oder wo sie sonst gerne ein Körperteil auspolstern möchten. Dabei helfen sie sich gegenseitig, damit die Kissen gut unter der Kleidung sitzen. Die Kinder stellen Autoscooter auf dem Jahrmarkt dar.

Spielimpulse:

- Die Autoscooter gehen und „fahren" dicht umeinander herum, berühren sich, stoßen sich gegenseitig an. Da sie aber gut gepolstert sind, prallen sie auch wieder voneinander ab. Sie können sogar rückwärts fahren …
- **Variation:** Die Autoscooter fahren in unterschiedlichen Gängen, mal langsam, dann schneller und mal ganz schnell. Das Signal hierzu kommt von der Spielleitung (oder – nach Eingewöhnung – von einem anderen Kind).
- **Ruhephase:** Auf dem Boden werden Reifen ausgelegt: Die Autoscooter fahren in ihre Parkplätze und ruhen sich aus.

PRAXISTIPP

SELBST RUHE BEWAHREN

Ruhe wird nicht nur von der Umgebung, sondern auch von den Menschen ausgestrahlt. Eine pädagogische Fachkraft, die selbst voller Hektik und Unruhe ist, wird diese Stimmung schnell auf die Kinder übertragen. Deswegen gilt bei allen Bewegungs- und besonders bei den Entspannungsübungen (wie auch sonst im Kindergarten- oder Schulalltag): Gelassenheit und Ruhe bewahren.

Eine schrille Stimme, Schimpfen und Schreien werden ein Problem nicht lösen, sondern eher noch verstärken. Dagegen tragen Gelassenheit, Ruhe und Humor eher dazu bei, dass ein Kind sich in einem Konflikt oder einer als ausweglos empfundenen Situation wieder beruhigt.

Auch bei Ruhe- und Stilleübungen sind Lachen und Fröhlichsein nicht nur erlaubt, sondern sogar erwünscht. Sie stören die Ruheübungen nicht, sondern sind Ausdruck des Wohlbefindens der Kinder und der Erzieherin.

Humor ist das beste Mittel, um mit Ängsten und Stress umzugehen. Über sich selbst lachen zu können, aber auch einen anderen zum Lachen zu bringen, wirkt spannungslösend und entkrampfend.

Kissenschleuder

Material:
mehrere Kissen – in unterschiedlicher Größe

Die Idee: Die Fliehkraft führt dazu, dass das Drehen beschleunigt wird.

Spielimpulse:

- Das Kissen wird an einem Zipfel (Ecke) festgehalten. Dann drehen sich die Kinder langsam um die eigene Achse, strecken den Arm mit dem Kissen aus, dadurch drehen sie sich immer schneller, das Kissen „drängt" nach außen. Schließlich lassen die Kinder das Kissen los und sehen, wie weit es fliegt.
- **Varianten:**
  - In einem nächsten Schritt kann die Spielleitung die Kinder dazu auffordern, sich auch einmal ohne Kissen zu drehen und dabei herauszufinden, wann sie sich schneller drehen – mit oder ohne Kissen?
  - Ebenso können die Kinder ausprobieren, wie weit sie das Kissen werfen können, wenn sie es nicht schleudern und sich selbst nicht dabei drehen.

Kartonmauern umwerfen

Material:
viele Schuhkartons, viele Kissen

Die Idee: Die Kinder bauen eine Mauer oder auch hohe Türme aus Schuhkartons. Besprechen Sie mit den Kindern: Wie weit kann der Abstand zu der Mauer sein, um sie gerade noch treffen zu können?

Spielimpulse:

- Aus einer selbst gewählten Entfernung (eventuell kann eine Schnur auf dem Boden ausgelegt werden, um den Abstand zu der Mauer zu markieren) versuchen sie, die Mauer oder den Turm mit den Kissen zum Einstürzen zu bringen.
- **Ruhespiel:** In kleinen Gruppen bauen sich die Kinder mit den Schuhkartons ein „Haus“. Sie legen die Kartons dazu auf dem Boden zu einem Rechteck oder zu einem Kreis oder anderen Formen aus. Dann legen sie ihre Kissen hinein und ruhen sich darauf aus.

Haltet das Spielfeld frei

Material:
Turnbank zur Abgrenzung der Spielfelder, viele Kissen

Die Idee: Zwei Spielfelder werden durch eine Turnbank abgegrenzt. Jede Gruppe stellt sich in ein Feld. In jedem Feld liegen gleich viele Kissen auf dem Boden. Diese sollen nun möglichst schnell in das Feld der anderen Mannschaft geworfen werden. Sobald dort ein neues Kissen landet, wird es schnell wieder rausgeworfen.

Spielimpulse:

- Welche Mannschaft schafft es, ihr Feld frei von Kissen zu bekommen?
  Spielen Sie die Schiedsrichterin: Sobald ein Spielfeld ganz „kissenfrei“ ist, hat die Mannschaft, der das Feld gehört, gewonnen.
- Die Kissen können auch über eine im Raum aufgespannte Schnur geworfen werden.
- **Ruhephase:** Jedes Kind nimmt sich nach Abschluss des lebhaften Spiels ein Kissen, legt sich mit dem Kopf darauf und ruht sich von dem anstrengenden Werfen aus. Anschließend kann das Spiel wiederholt werden. Die siegreiche Mannschaft startet nun mit ein paar Kissen mehr ins Feld.

Kissenrennen

Material:
2 gleich große und gleich dicke Kissen in verschiedenen Farben

Die Idee: Die Kinder stellen sich in einem Kreis auf. Dabei stehen sie so dicht nebeneinander, dass ihre Hände sich berühren können. Zwei Kinder, die sich im Kreis gegenüberstehen, erhalten jeweils ein Kissen. Sie sollen es so schnell wie möglich weitergeben. Dabei „jagt" das eine Kissen das andere. Schafft das Kissen es, das vor ihm liegende einzuholen?

Spielimpulse:

- Bei älteren Kindern kann die Regel verändert werden: Geben Sie durch ein Signal („rechts", „links" ...) einen Richtungswechsel an. Die Kissen sollen dann in die andere Richtung weitergegeben werden.
- Die Kinder sitzen im Kreis. Sie werfen sich über kurze Entfernungen ein Kissen zu und nennen dabei den Namen des Kindes, das das Kissen erhalten soll.

Kapitel 6

Wahrnehmung und Konzentration

Sich zu konzentrieren bedeutet, intensiv wahrzunehmen, die Aufmerksamkeit auf eine Sache zu lenken und eine gewisse Zeit dabei verweilen zu können. Dies fällt vielen Kindern heute sehr schwer, die Vielfalt der Eindrücke, die täglich auf sie einströmen, lässt ihnen oft kaum mehr Gelegenheit dazu. Bei den folgenden Sinnesübungen wird die Vielfalt der Eindrücke bewusst reduziert. Spielanregungen, bei denen einzelne Sinne durch bestimmte spielerische Aufgabenstellungen ausgeschaltet werden, aktivieren die anderen Sinne. Wird beispielsweise der Sehsinn eingeschränkt, so intensivieren sich der Tast-, der Hör- und der Geruchssinn sowie die Körperwahrnehmung. Die Aufmerksamkeit wird auf innere Erlebnisse und Gefühle fokussiert.

Voraussetzung für eine intensive sinnliche Wahrnehmung ist eine bewusste Lenkung der Aufmerksamkeit. Die folgenden Spielideen sind meist mit einem hohen Grad an Anspannung verbunden. Die Kinder müssen sich also intensiv auf eine Sache konzentrieren.

Zur Entspannung tragen die Spiele zunächst einmal nicht bei, wohl aber zur Förderung und Verbesserung der Konzentrationsfähigkeit. Die Spiele sollten aus diesem Grund nicht über einen allzu langen Zeitraum ausgeführt werden, die Kinder signalisieren meist aber von selbst, wann ihre Konzentration erschöpft ist. Dann können Bewegungsspiele einen guten Ausgleich bewirken und sogar richtig entspannend sein.

Geheimnisvolle Geräusche

Material:
Gegenstände, mit denen Geräusche erzeugt werden können

Die Idee: Die Kinder sitzen im Halbkreis und schließen die Augen. Sie stellen sich vor, es sei dunkel, der Strom im ganzen Haus sei ausgefallen, sodass kein Licht gemacht werden kann. Im Dunkeln hören sie nun einige geheimnisvolle Geräusche. Sie versuchen herauszufinden, von was sie herrühren bzw. wie sie zustande gekommen sind.

Spielimpulse:

Erzeugen Sie Geräusche mit verschiedenen Gegenständen, beispielsweise

- mit dem Schlüsselbund rasseln,
- mit einer Zeitung knistern,
- eine Murmel auf einem Teller kreisen lassen,
- einen Ball auf den Boden prellen,
- den Wasserhahn öffnen und das Wasser fließen lassen,
- zwei Löffel aneinander schlagen ...

Die Kinder sollen versuchen herauszufinden, wie und mit welchen Gegenständen die Geräusche erzeugt worden sind. Nach dem Öffnen der Augen können die Geräusche noch einmal erzeugt werden.

Tipp:

Intensive Hörererlebnisse sind vor allem dann möglich, wenn der Sehsinn ausgeschaltet wird. Mit geschlossenen Augen gelingt die Konzentration auf das Gehörte sehr viel besser, da die Augen keine zusätzlichen Informationen liefern.

Begrüßung international

Material: keines

Die Idee: In jedem Land begrüßt man sich auf eine andere Art. In asiatischen Ländern z. B. berührt man sich gar nicht, sondern legt nur die eigenen Hände aneinander und verneigt sich voreinander. In anderen Ländern gibt man sich die Hände oder umarmt sich. Machen Sie gemeinsam mit den Kindern eine Weltreise. Dabei werden die Begrüßungsformen in allen möglichen Ländern ausprobiert. Natürlich können auch einfach welche dazu erfunden werden.

Spielimpulse:

- Alle gehen durch den Raum und begrüßen sich, wenn sie einander begegnen. Auf Zuruf probieren die Kinder folgende Begrüßungsformen aus:
  - die Hände aneinander klatschen,
  - sich sanft mit den Fußspitzen berühren,
  - sich auf die Schultern klopfen,
  - mit dem Rücken aneinanderstoßen,
  - sich auf die Nasenspitzen tippen,
  - sich am Ohrläppchen ziehen,
  - die Fäuste gegeneinanderstoßen,
  - sich zuwinken.
- **Variation:** Die Begrüßungsspiele lassen sich mit Musik verbinden. Solange die Musik zu hören ist, gehen und laufen alle durch den Raum, sie erkunden das neue Land. Wenn die Musik eine Pause macht, haben die neuen Besucher des Landes Zeit, sich gegenseitig auf eine von der Spielleitung vorgegebene Weise zu begrüßen.

Geisterwald

Material: einfache Geräuschquellen, z. B. Schlüsselbund, Schleuderrohr, Dose (z. B. mit Erbsen gefüllt) etc.

Die Idee: Die Kinder sitzen auf dem Boden, die Augen sind geschlossen. Alle sind ganz leise, damit sie wahrnehmen können, ob und von wo etwas zu hören ist.

Spielimpulse:

- Spielen Sie den „Geist“, der irgendwo im Raum Geräusche macht. Verändern Sie leise Ihre Position im Raum. Die Kinder sollen herausfinden, wo sich der Geist befindet. Jedes Kind zeigt mit dem Finger auf die Stelle, von der es glaubt, dass dort das Geräusch entstanden sei. Der Geist verändert bei jeder Wiederholung leise seine Position.

Tipp:

Bei diesem Spiel zur Förderung der auditiven Wahrnehmung geht es darum, eine Geräuschquelle zu lokalisieren. Dieses „Richtungshören“ erfordert von den Kindern besonders viel Konzentration.

Inselhüpfen

Material: mehrere Matratzen in unterschiedlichen Größen

Die Idee: Im Raum liegen mehrere Matratzen in unterschiedlichen Abständen verteilt auf dem Boden. Sie stellen kleine Inseln im Meer dar.

Spielimpulse:

- Die Kinder springen und hüpfen von einer Insel zur anderen. Bei der Landung müssen sie aufpassen, dass sie nicht hinfallen, denn der Boden auf den Inseln ist weich und gibt nach. Wie sie von einer Insel zur anderen kommen, ist ihnen freigestellt (mit einem großen Schritt hinüberspringen, mit zwei Füßen gleichzeitig abspringen, mit den Armen aufstützen und mit den Füßen nachspringen etc.), sie dürfen jedoch keinesfalls ins „Wasser" treten.
- **Ruhephase:** Auf den Matteninseln kann man aber auch hin und wieder eine Ruhepause einlegen, sich hinlegen und sich vielleicht von einem Inselbewohner (einem anderen Kind) mit einem Tennisball den Rücken massieren lassen.

Tipp:

Die instabilen Matten fordern die vestibuläre Wahrnehmung, den Gleichgewichtssinn, heraus.

Knochen bewachen

Material: Sandsäckchen, Holzklotz o. Ä.

Die Idee: Die Kinder sitzen im Kreis. In der Mitte sitzt ein Kind mit geschlossenen Augen, es spielt einen Hund, der einen Knochen bewacht. Der Hund ist allerdings kurz davor einzuschlafen, er hat die Augen geschlossen. Als Knochen wird ein beliebiger Gegenstand genommen (Sandsäckchen etc.).

Spielimpuls:

- Ein Kind aus dem Kreis versucht nun vorsichtig, den Knochen des Hundes zu stehlen. Bemerkt der Hund den Knochendieb, zeigt er mit der Hand in die Richtung, aus der er gekommen ist. Stimmt die Richtung, muss der Dieb zurück an seinen Platz gehen und ein anderer Spieler darf versuchen, unbemerkt an den Knochen zu kommen. Stimmt die Richtung nicht, darf der Knochendieb weiterschleichen, und zwar so lange, bis er erwischt worden ist. Gelingt es dem Dieb, den Knochen zu stehlen, so darf er in der nächsten Spielrunde der Hund sein.

Tipp:

Das Spiel verlangt nicht nur von den beiden Hauptspielern, sondern auch von den anderen Mitspielern hohe Konzentration, da sie das Geschehen leise verfolgen müssen. Achten Sie darauf, dass die Rollen möglichst häufig gewechselt werden.

Tastquiz

Material: mehrere Alltagsgegenstände, die sich vom Material und der Oberflächenbeschaffenheit her deutlich unterscheiden

Die Idee: Unter einer Decke sind verschiedene Gegenstände versteckt. Sie fühlen sich alle sehr unterschiedlich an, sind z.B. kalt, flauschig, hart oder weich, es könnten also u.a. ein Softball, eine Murmel und ein Löffel sein.

Spielimpulse:

- Mit den Händen tastend versuchen die Kinder herauszufinden, was unter dem Tuch liegt. Sie beschreiben, wie sich der entsprechende Gegenstand anfühlt.
- **Variation 1:** Ein Kind beschreibt, wie sich ein Gegenstand anfühlt, die anderen versuchen zu erraten, um was es sich handeln könnte.
- **Variation 2:** Von jedem Gegenstand ist ein Paar vorhanden. Ein Exemplar darf sich jedes mitspielende Kind auswählen, das andere Exemplar liegt unter der Decke. Die Kinder versuchen nun der Reihe nach, das Pendant zu ihrem Gegenstand unter der Decke zu ertasten. Haben sie es gefunden, holen sie es hervor. Damit die Aufgabe für die Kinder, die zuletzt an der Reihe sind, nicht zu leicht wird, liegen noch ein paar andere Dinge unter der Decke.

Abschleppwagen

Material:
Wolldecke, Bettlaken oder Schwungtuch

Die Idee: Ein Kind sitzt oder liegt auf einer Wolldecke, zwei andere Kinder fassen die Decke und ziehen sie mitsamt dem Kind durch den Raum.

Spielimpulse:

- Auf der Decke kann man natürlich nicht nur sitzen oder liegen, sondern auch knien und sogar stehen – dann wird das Gleichgewichthalten aber ganz schön schwer. Vor allem beim Starten und Stoppen kann man leicht hinfallen.
- **Variation:** Anstelle der Wolldecke kann für das Spiel auch ein großes Schwungtuch eingesetzt werden. Darauf haben mehrere Kinder Platz, allerdings müssen dann auch mehrere beim Ziehen helfen.

Hinweis:

Diese Aufgabe führt zu einer Intensivierung der Körperwahrnehmung (bei den Kindern, die das Tuch ziehen) und des Gleichgewichts (bei den Kindern, die sich auf dem Tuch befinden).

„Mit den Händen sehen" – Der Fühlsack

Material: ein Kopfkissenbezug, verschiedene Alltags- oder Spielgegenstände

Die Idee: In einem Kopfkissenbezug stecken verschiedene Gegenstände (z. B. eine Nuss, ein Tannenzapfen, ein Stein, ein Löffel, ein Korken, eine Wäscheklammer).

Spielimpulse:

- Jedes Kind darf in das Kissen greifen und versuchen, einen Gegenstand zu ertasten. Nachdem es ihn benannt hat, holt es ihn heraus und überprüft, ob es richtig geraten hat.
- **Variation:** Nur ein einziger Gegenstand liegt im Sack oder unter einem Tuch. Der Reihe nach greift jedes Kind in den Sack, ertastet den Gegenstand, sagt jedoch nicht, was es erkannt hat, sondern reicht den Sack dem nächsten Kind weiter. Wenn alle einmal dran waren – jeder kann so lange tasten, bis er den Gegenstand erkannt zu haben glaubt –, nennt jedes Kind einen Begriff, mit dem es den Gegenstand beschreiben würde. Wo wird dieser gebraucht? Wie fühlt er sich an? Erst zum Schluss wird der Gegenstand beim Namen genannt und aus dem Kissenbezug herausgeholt.

Tipp:

Das Spiel erfordert die intensive Konzentration der Kinder. Die Gruppe sollte daher nicht zu groß sein.

Detektiv Scharfauge

Material: keines

Die Idee: Die Kinder sitzen im Kreis. Einer wird zum Detektiv „Scharfauge“ ernannt. Wie der Name bereits vermuten lässt, kann er scharf beobachten, außerdem merkt er sich jedes Detail.

Spielimpulse:

- Der Detektiv schaut sich seine Mitspieler genau an und prägt sich ihr Äußeres so gut wie möglich ein. Während er dann vor der Tür wartet, verändern einige der im Kreis sitzenden Kinder ihr Äußeres. So kann zum Beispiel ein Kind seine Brille abnehmen oder seine Haarspange lösen, ein anderes kann seine Kette weitergeben etc. Dann wird der Detektiv hereingerufen. Er soll nun herausfinden, was sich an den Mitspielern verändert hat.
- **Variation:** Auf einer Decke liegen einige Gegenstände, die in einer bestimmten Weise bzw. Reihenfolge angeordnet sind (z. B.: ein Ball in einem Reifen, zwei Stäbe, die nebeneinander liegen etc.). Der Detektiv schaut sich die Sachen an und verlässt kurz den Raum. Die Mitspieler verändern nun die Lage der Gegenstände, nehmen einen weg oder fügen einen anderen hinzu. Der Detektiv muss erkennen, was sich auf der Decke verändert hat.

Zublinzeln

Material:
Stühle

Die Idee: Die Kinder bilden Paare. Jeweils einer der beiden Partner setzt sich in einen Stuhlkreis, der andere Partner steht hinter dem entsprechenden Stuhl. Ein Stuhl bleibt frei, dahinter steht aber trotzdem ein Kind. Dieses blinzelt nun einem der sitzenden Kinder zu, um es mit diesem Signal zu sich zu rufen.

Spielimpulse:

- Sobald das „angeblinzelte" Kind gemerkt hat, dass es gemeint ist, läuft es schnell zu dem freien Stuhl und setzt sich. Nun ist das Kind an der Reihe, das hinter dem frei gewordenen Stuhl steht, es blinzelt seinerseits einem neuen Partner zu, und das ganze Spiel beginnt von vorne.
- **Variation 1:** Wenn die Kinder das Blinzeln beherrschen und auch die Signale entsprechend deuten können, kann das Spiel erweitert werden: Wenn der hinter dem Stuhl Stehende bemerkt, dass sein Partner angeblinzelt wird, darf er ihn schnell festhalten (ansonsten hält er seine Arme aber hinter seinem Rücken).
- **Variation 2:** Das Spiel kann auch ohne Stühle durchgeführt werden, dann stehen beide Kinder hintereinander. Auch hier hält der hintere Mitspieler die Hände auf seinem Rücken.

Schaukelmatte

Material:
Matte oder Schaukeltuch, an der Decke aufgehängt

Die Idee: An der Decke des Gruppenraumes wird an stabilen Haken ein Schaukeltuch (oder eine Matte an ihren Griffen) aufgehängt. In diesem Schaukeltuch haben mehrere Kinder Platz. Sie können sich hineinlegen und die leichten Schwingungen des Tuches genießen. Eventuell kann auch ein anderes Kind das Schaukeltuch von außen anschwingen.

Tipp:

Das Schaukeln führt zu einer intensiven Entspannung. Das Schaukeltuch wird ein beliebter Aufenthaltsort der Kinder sein. Um möglichst vielen Kindern den Genuss des Schaukelns zu ermöglichen, kann eine Zeitbegrenzung für den Aufenthaltsinnvoll sein.

Kapitel 7

Spielerische Massageübungen

Berührungen tun Kindern sehr gut, vor allem, wenn sie von vertrauten Menschen kommen. Bei Berührungen, die angeordnet werden, muss man sehr vorsichtig sein: Können alle Kinder sie zulassen? Ist ihnen die Berührung angenehm? Wollen sie lieber auswählen, von wem sie berührt werden? Diese Überlegungen müssen unbedingt berücksichtigt werden, wenn man die im Rahmen von spielerischen Entspannungsmethoden so beliebten Massagespiele durchführen will. Die intensive taktil-kinästhetische Wahrnehmung wirkt sich tatsächlich entspannend aus, aber nur, wenn die Berührung insgesamt als angenehm empfunden wird. Daher gilt es, zunächst einmal Formen der Massage zu finden, bei denen die Kinder selbst bestimmen können, wie nahe der andere ihnen kommt (siehe Spielidee „Autopolierstation", S. 82).

Als Einstieg in eine Partnermassage kann der Einsatz von Tennisbällen oder anderen Massagegegenständen hilfreich sein. Bei der Tennisballmassage treten zwar die Partner miteinander in körperlichen Kontakt, sie berühren sich aber nicht. Der Kontakt wird über das Medium Ball hergestellt. Nicht alle Kinder wollen den Kontakt in unmittelbarer Form zulassen. Außerdem können Kinder beim Massieren mit den Händen unter Umständen viel falsch machen, wenn sie nicht sensibel genug mit dem anderen umgehen. Ein Ball ist leichter zu handhaben.

Im Vorfeld sollte mit den Kindern darüber gesprochen werden, dass jedes Kind sagen kann, wenn es bestimmte Berührungen nicht möchte oder sich nicht an einem Spiel beteiligen will.

Ballmassage

Material:
kleine Bälle (Tennisbälle, Softbälle, Igelbälle), Matte oder Decke als Unterlage

Die Idee: Die Kinder bilden Paare. Jeweils ein Kind legt sich auf den Bauch, auf den Boden oder auf eine Unterlage (Decke oder Matte). Der Partner hat einen kleinen Ball (Tennisball, Softball oder Igelball) und kniet neben ihm.

Spielimpulse:

- Der „Masseur“ lässt seinen Ball mit unterschiedlichem Druck auf dem Rücken des Partners hin- und herrollen. Das Kind, das massiert wird, darf bestimmen, wie fest der Druck sein soll.
- Abschließend kann in der Gruppe besprochen werden, an welchen Stellen das Rollen als besonders angenehm bzw. als weniger angenehm empfunden wurde.

WISSEN KOMPAKT

Die kinästhetische Wahrnehmung

Die Wahrnehmung des Spannungsgrads der Muskulatur erfolgt über die Tiefensensibilität. Verantwortlich für die Körperwahrnehmung ist das kinästhetische Wahrnehmungssystem. „Kinästhesie" bedeutet die Wahrnehmung der Raum-, Zeit-, Kraft- und Spannungsverhältnisse der eigenen Bewegung. In den Sehnen, Muskeln und Gelenken befinden sich die sogenannten Rezeptoren, die für die Tiefenwahrnehmung verantwortlich sind (Zimmer 2019b).

Die kinästhetische Wahrnehmung umfasst folgende Bereiche:

- den Stellungssinn
- den Bewegungssinn
- den Kraftsinn
- den Spannungssinn

Der *Stellungssinn* ermöglicht es uns, die Lage der einzelnen Gliedmaßen und die Stellung der Gelenke zueinander zu vergegenwärtigen. Über ihn erhalten wir eine Vorstellung davon, wie sich unser Körper im Raum befindet (ob wir uns klein machen müssen, wenn wir unter einem Hindernis hindurchgehen wollen oder strecken, wenn wir einen höher gelegenen Gegenstand erreichen wollen).

Ändert man ohne visuelle Kontrolle die Körperposition, hebt bspw. ein Bein an, um auf einen Stuhl zu steigen, dann nimmt man sowohl die Richtung als auch die Geschwindigkeit der Bewegung wahr. Dieser Bereich der kinästhetischen Wahrnehmung wird als *Bewegungssinn* bezeichnet.

Als *Kraftsinn* gilt die Wahrnehmung der Muskelkraft, die man aufwenden muss, um eine Bewegung durchzuführen, einen Gegenstand zu schieben oder anzuheben.

Hinzu kommt der *Spannungssinn*, der Informationen über den Grad der Muskelspannung gibt und damit auch die Voraussetzung schafft für die willentliche Beeinflussung des Spannungsgrades der Muskulatur. Bei Entspannungsübungen ist diese bewusste Regulation notwendig, um den Wechsel zwischen Anspannung und Entspannung herbeiführen zu können (Zimmer 2019b).

Sandsäckchen spüren

Material:
Sandsäckchen mit unterschiedlichem Gewicht

Die Idee: Die Kinder legen sich auf den Boden (Bauch- oder Rückenlage) und schließen die Augen. Legen Sie – ggf. mit einem Kind als Helfer oder Helferin – behutsam Sandsäckchen auf einzelne Körperteile der Kinder.

Spielimpulse:

- Die Kinder sollen spüren, auf welchen Körperteilen sich die Sandsäckchen befinden.
- Anschließend werden die Sandsäckchen einzeln wieder abgenommen. Sobald die Kinder das Gefühl haben, dass nichts mehr auf ihnen liegt, öffnen sie die Augen. Sie können nun berichten, auf welchen Körperteilen die Sandsäckchen gelegen haben.
- **Variante:** Die Kinder bilden Paare. Ein Kind legt sich auf den Boden, der Partner kniet sich daneben und „belegt" den anderen behutsam mit verschiedenen Sandsäckchen. Das liegende Kind soll erspüren, ob es sich um einen schweren oder einen leichten Sandsack handelt. Es können auch mehrere Sandsäckchen übereinander gelegt werden.

Tipp:

Bei dieser Spielidee wird die kinästhetische Wahrnehmung sensibilisiert.

Autopolierstation

Material: Rollbretter, ein aus Bänken und Matten gebauter Tunnel, zwei Tennisbälle

Die Idee: Die Kinder fahren auf Rollbrettern durch den Raum. Im Raum befinden sich Hindernisse (kleine Kästen, Pylone etc.), um die sie herum- oder unter denen sie hindurchfahren können. In der Mitte des Raumes ist ein Tunnel, die Autopolierstation, aufgebaut (zwei Bänke oder zwei kleine Kästen, zwischen denen eine Matte eingeklemmt wird).

Spielimpuls:

- Am Ende des Tunnels befindet sich die „Polierstation" der Waschanlage. Die Autofahrer können hier ihr Auto polieren lassen. Sie werden mit zwei Tennisbällen „poliert". Dazu werden die Tennisbälle auf dem Rücken gerollt. Jeder Autofahrer darf auswählen, ob er das „Sparprogramm", das „Normalprogramm" oder das „Superprogramm" möchte. Entsprechend kurz oder lang und intensiv fällt die Autopolitur aus.

Hinweis:

Das Polieren der Autos ist eine Ruhephase und damit eine angenehme Alternative zum ansonsten doch sehr bewegungsintensiven Rollbrettfahren. So können die Kinder die wohltuende Wirkung einer Massage, die in ein für Kinder spannendes und verständliches Thema eingebunden ist, spüren.

Autowaschstraße

Material:
Rollbrett, Bürsten, Tennisbälle, Chiffontücher

Die Idee: Die Kinder bilden eine Autowaschanlage, indem sie sich in zwei Reihen, mit einem Abstand von 1 Meter, einander gegenüber knien.

Spielimpulse:

- In der Waschanlage gibt es verschiedene Waschprogramme: Jedes Kind in der Reihe hat eine Bürste, einen Tennisball, ein Chiffontuch oder einen anderen Gegenstand, mit dem das Programm durchgeführt wird. Jetzt kann es losgehen: Ein Kind legt sich auf ein Rollbrett und fährt durch die Waschstraße. Es kann das Fahrtempo selbst wählen, das heißt, es bestimmt die Dauer der Wäsche und die Art der Behandlung (z.B. Intensivwäsche, Sparwäsche etc.). Ist ein Auto durch die Waschstraße gefahren, ist der nächste Mitspieler an der Reihe.
- **Variation „Handwaschprogramme“:** Es gibt auch noch eine andere Waschanlage, in der alle Autos von Hand gewaschen werden mit Fingerspitzen trommelnd wird zunächst Wasser auf das Auto gesprüht, an der nächsten Station wird es eingeschäumt (mit den Händen über den Rücken reiben), dann mit Bürsten bearbeitet (drehende, kreisende Bewegungen mit den Händen), und schließlich abgespült (streichende Bewegungen mit den Händen). Ganz zum Schluss kommt die Trockenanlage: Das Auto wird angepustet und abgerieben und ans Ende der Waschstraße geschoben. Bei jeder Wäsche sollten natürlich auch die Vorder- und Hinterräder (Arme, Beine) nicht vergessen werden.

Wetterbericht

Material:
keines

Die Idee: Ein Kind liegt auf dem Boden (Bauchlage), sein Partner kniet neben ihm. Die Kinder stellen sich vor, dass es Abend sei und im Fernsehen gerade der Wetterbericht gezeigt wird. Auf dem Rücken des Partners wird nun das Wetter vom nächsten Tag aufgezeichnet.

Spielimpulse:

Leichter Regen nieselt, es tröpfelt.	Mit den Fingerspitzen/Fingerkuppen leicht auf den Rücken des Partners trommeln.
Der Regen wird stärker.	Festeres Trommeln.
Ein Platzregen entsteht.	Mit den Handflächen auf den Rücken patschen oder klopfen.
Die Sonne scheint und trocknet die Tropfen.	Mit den Händen leicht über den Rücken streichen.
Ein Gewitter zieht auf: Schon hört man den ersten Donner.	Die Fäuste trommeln leicht auf den Rücken.
Nun fängt es sogar an zu blitzen.	Mit der Spitze des Zeigefingers Zacken auf den Rücken malen.
Und jetzt setzt ein klatschender Regenschauer ein.	Die ganzen Handflächen patschen auf den Rücken.
Aber bald ziehen die schwarzen Wolken weg und schon zeigt sich wieder die wärmende Sonne.	Mit den Händen den ganzen Rücken ausstreichen.

Kuchen backen

Material: keines

Die Idee: Jeweils zwei Kinder befinden sich auf einer Matte. Eines legt sich auf den Bauch, der Partner ist der Bäcker und darf auf dem Rücken des Partners einen Kuchenteig herstellen.

Spielimpulse:

Zuerst wird Mehl in eine Schüssel gesiebt.	Mit den Fingerspitzen leicht auf den Rücken trommeln.
Dann wird ein Ei aufgeschlagen und mit dem Mehl vermischt.	Die Faust leicht auf den Rücken schlagen, das Ei verstreichen.
Jetzt kommt etwas Milch hinzu und wird verrührt.	Kreisende Bewegungen mit beiden Händen.
Der Teig soll süß sein, deswegen muss noch Zucker dazu.	Mit den Fingerkuppen leichtes Klopfen.
Alle Zutaten werden miteinander verknetet.	Massierende und knetende Bewegungen auf dem Rücken durchführen.
Nun wird der Teig ausgerollt.	Den Unterarm auf dem Rücken hin und her rollen.
Damit der Teig keine Blasen wirft, wird er an mehreren Stellen mit der Gabel eingestochen.	Mit zwei Fingerspitzen leicht auf den Rücken piksen (an verschiedenen Stellen).
Natürlich muss der Teig noch belegt werden: mit Apfelstücken oder Pflaumen.	Die Daumen jeder Hand im Wechsel nacheinander auf den Rücken drücken.
Zum Schluss gibt es noch eine feine Quarksoße als Belag.	Die Hände streichen den Rücken aus.
Der Ofen wird angeheizt und der Kuchen hineingeschoben.	Die Hände ganz fest aufeinander reiben und die heißen Handinnenflächen schnell auf den Rücken legen.

Wenn der Kuchen fertig ist, wird er in Stücke geschnitten.

Mit einem Finger lange Striche auf den Rücken zeichnen.

Zum Schluss muss nur noch das Backblech gesäubert werden.

Ausstreichen des Rückens mit den Händen.

WISSEN KOMPAKT

Sensorische Entspannungsverfahren

Berührung kann entspannend wirken. Von der medizinischen Massage weiß man, wie hilfreich sie bei Muskelverspannungen ist und wie wohltuend sie auf Körper und Seele wirken kann. Spielerische Massageübungen haben nichts mit der medizinischen Massage zu tun, sie wirken eher unspezifisch und tragen zu psycho-physischem Wohlbefinden bei. In Partnerarbeit kann der Körper des anderen mit einem Medium, z.B. einem Tennisball, massiert werden, sanfte Berührungen sind aber auch bei „Rückenrätseln" oder Rückenmalereien" möglich.
Durch die Berührung und den sanften Druck auf die Haut wird eine sensorische Stimulation erzeugt, die ein angenehmes, wohliges Gefühl erzeugt und entspannend wirkt.
Eine Kombination von imaginativen und sensorischen Verfahren kommt bei Fantasiegeschichten zur Anwendung, deren Inhalt auf dem Rücken des Partners dargestellt wird. Der beruhigende, entspannende Effekt wird einerseits durch den Inhalt der erzählten Geschichte, vor allem aber durch die sensorischen Empfindungen erreicht: So wird mit den Fingerspitzen ein Bild auf den Rücken des Partners „gemalt", es werden Regentropfen imitiert oder Tierbewegungen nachgeahmt.

Waldspaziergang

Material: Matten oder Decken als Unterlage

Die Idee: Paarweise sitzen die Kinder auf einer Matte und stellen sich vor, dass sie einen Ausflug in den Wald machen. Der Wald – das ist der Rücken des Partners. Schon auf dem Weg kann man die ersten Tiere antreffen.

Spielimpulse:

- Zuerst einmal laufen ganz viele *Ameisen* über den Weg (mit den Fingerspitzen schnelle Bewegungen auf dem Rücken ausführen). Wir fegen sie vorsichtig vom Weg, damit wir nicht auf sie treten (streichende Bewegungen mit beiden Händen).
- Über den Waldweg hüpft mit großen Sprüngen eine *Heuschrecke* (mit beiden Händen im Wechsel das Springen imitieren).
- Am Wegesrand haben sich einige *Regenwürmer* aus der Erde geschlängelt (mit dem Zeigefinger an Nacken und Schultern die schlängelnden Regenwürmer darstellen).
- Schnell huscht ein *Eichhörnchen* den Baumstamm hinauf (schnell huschende Bewegungen mit den Handflächen imitieren).
- Da kommt plötzlich ein *Pferd* angaloppiert (mit flachen Händen über den Rücken „galoppieren“).
- Die *Ameisen* laufen zurück in ihren Ameisenbau (schnelles Tippen mit den Fingerspitzen).
- Nun ist wieder Ruhe im Wald eingekehrt. Die Sonne scheint und die Tiere haben sich zum Mittagsschlaf zurückgezogen (Handflächen auf den Rücken legen und eine Weile liegen lassen).

Rückenbilder

Material:
Blatt und Stift

Die Idee: Hier handelt es sich um eine Partneraufgabe: Ein Kind liegt auf dem Bauch, das andere malt mit dem Finger eine Zahl auf seinen Rücken. Das am Boden liegende Kind soll erraten, um welche Zahl es sich handelt.

Spielimpulse:

- Wenn die Kinder noch keine Zahlen kennen, können auch Symbole oder Zeichen auf den Rücken gemalt werden (Strich, Kreis, Schlange, Viereck usw.).
- Die Aufgabe kann auch weitergeführt werden: Das ratende Kind soll das Bild, das ihm auf den Rücken gezeichnet wurde, auf einem Papier nachzeichnen. Der Partner darf überprüfen, ob es auch wirklich die Zeichnung war, die er auf den Rücken gemalt hat.

Tipp:

Die Rückengeschichten und parallelen Rückenmassagen sollen nicht nur wohltuend und entspannend wirken, sondern wollen die Kinder auch zur Behutsamkeit im Umgang mit dem Partner anleiten. Die Berührungen sollten zwar spürbar sein, aber nicht weh tun. Es empfiehlt sich, nach jedem Spieldurchgang die Rollen zu wechseln, sodass jeder mal in die Rolle des „Aktiven“ und in die des „Genießenden“ kommt.

Kapitel 8

Fantasiereisen und Traumstunden

Kinder lassen sich gerne auf Tagträume ein und können sich in ihrer Fantasie gut mit bestimmten Rollen identifizieren. Deswegen lassen sie sich meist gerne mitnehmen auf eine Fantasiereise oder in eine Traumstunde.

In den Fantasiereisen werden durch das Erzählen einer Geschichte Vorstellungsbilder, die auf das Kind entspannend wirken, hervorgerufen. Bevorzugt werden Situationen, die Kindern bekannt sind, wie z. B. ein Spaziergang auf der Wiese, im Wald oder am Meer, beschrieben. In den Pausen wird Raum gelassen für die individuellen Vorstellungen, die die Kinder mit der entsprechenden Situation verbinden. Die beim Erzählen entstehenden inneren Bilder sollen ein angenehmes Gefühl, Ruhe und Wohlbefinden erzeugen.

Alternativ zu dieser Form gibt es Fantasiegeschichten, bei denen die Kinder in die Handlungen eingebunden werden (z. B. *„Du steigst in das Boot und lässt dich sanft auf dem Wasser gleiten; das Boot schaukelt dich hin und her usw.“*). Hier ist zwar keine unmittelbare aktive Beteiligung der Kinder möglich, die Kinder nehmen sich jedoch in ihrer Vorstellung als aktiv Teilnehmende wahr. Zwar ist die Geschichte, die den Kindern erzählt wird, für alle Kinder gleich, jedes Kind kann sie jedoch individuell weiterdenken. Die pädagogische Fachkraft gibt Impulse, die die Vorstellung der Kinder leiten, sie lässt ihnen allerdings dann auch Zeit, damit sich die Fantasie entfalten kann und die Kinder die Geschichte in ihren Träumen und Gedanken weiterentwickeln können.

Alle Entspannungsverfahren bedürfen der Übung, um die gewünschten Effekte zu erzielen, sie müssen also häufiger eingesetzt, ja sogar regelmäßig durchgeführt werden.

Reise durch den Körper

Material: Matten oder Decken als Unterlage

Die Idee: Bei dieser Fantasiereise nehmen Sie die Kinder mit auf eine Reise durch den Körper. Die Kinder liegen auf einer Matte oder einer Decke, sie haben die Augen geschlossen.

Die Geschichte:

„Stell dir vor, du liegst im warmen, weichen Sand und spürst die Wärme der Sonne auf deiner Haut. Du hörst nur das leise Rauschen des Windes, sonst ist es ganz still um dich herum. Deine Hände lassen den Sand durch die Finger rieseln, er fühlt sich weich und zart an. Die Sonne scheint, sie berührt leise deine Arme und streicht über dein Gesicht. Du bist ganz ruhig und genießt, wie die Sonne deinen ganzen Körper wärmt, die Arme, den Bauch, deine Beine, auch die Füße spüren die Sonnenstrahlen und unter sich den weichen Sand. Du atmest ruhig und gleichmäßig, spürst, wie der Atem in den Körper strömt, und atmest tief aus, ein und aus.
Du fühlst dich ganz wohl, bist ganz ruhig und atmest tief ein und aus.“

Tipp:

Geschichten ohne konkrete Handlung sollten zunächst nur kurz sein, damit die Aufmerksamkeit der Kinder nicht überfordert wird.

Luftballonreise

Material:
Matten oder Decken als Unterlage

Die Idee: Im Anschluss an das Spielen mit einem Luftballon, das bei Kindern meistens mit vielen Bewegungsaktivitäten verbunden ist, kann diese Fantasiereise durchgeführt werden. Dazu liegen die Kinder auf einer Matte oder einer Decke, sie haben die Augen geschlossen.

Vorab können Sie den Kindern den Hinweis geben: „Schließt die Augen, denn nur so könnt ihr nach innen schauen und werdet nicht von dem abgelenkt, was jetzt gerade um euch herum passiert."

Die Geschichte:

„Stell dir vor, du bist ein schöner bunter Luftballon. Du liegst hier auf der Erde und bist noch ganz leer, noch nicht mit Luft gefüllt: Du atmest tief und gleichmäßig. Spüre, wie dein Atem in deinen Bauch strömt, wie sich deine Bauchdecke wölbt. Und jetzt puste die Luft durch den Mund oder die Nase wieder aus. Atme ganz tief und gleichmäßig und spüre, wie die Luft den Luftballon immer größer werden lässt. Mit jedem Atemzug strömt mehr Luft in den Ballon, er wird größer und gleichzeitig auch leichter.
Jetzt ist der Luftballon ganz aufgeblasen, du fliegst vom Boden weg, schwebst in der Luft, bist ganz leicht und steigst immer höher. Die Türe ist offen und du wirst durch einen leichten Windstoß hinausgetragen.
Der Wind nimmt dich mit, du bist ganz leicht und lässt dich vom Wind tragen. Du siehst die Straßen und die Menschen von oben. Nun fliegst du über die Bäume hinweg, kannst die Dächer von den Häusern, die Wiesen und die Blumen nur noch weitem sehen. Alles wird ganz klein und du steigst immer höher. Du begegnest einem Vogel, er zwitschert dir zu und du lächelst ihn freundlich an.
Der Wind trägt dich weiter, du fliegst an einer Wolke vorbei und steigst immer höher und höher, du spürst die wärmenden Strahlen der Sonne und der Wind bringt dir angenehme Kühlung.
Nun gibt dir der Wind eine neue Richtung, du spürst den Lufthauch und merkst, dass er dich wieder zurückbringt. Lass dich tragen, du brauchst gar

nichts zu tun, der Wind bringt dich wieder zurück in deine Stadt. Du siehst von oben schon wieder die Dächer, den Kirchturm und den Kindergarten. Das Fenster des Kindergartens steht offen – und dahin lässt dich der Wind fliegen. Leicht schwebst du durch den Raum und landest sanft auf dem Boden. Hier ruhst du dich aus von deiner weiten Reise. Du atmest ganz tief aus und langsam entweicht auch wieder die Luft aus dem Ballon. Du wirst schwerer und kleiner, bei jedem Atemzug wirst du noch ein Stückchen kleiner, und jetzt liegst du ganz ruhig auf deiner Decke und ruhst dich aus.
Nun bewege langsam deine Hände, deine Arme, strecke sie weit von dir. Recke und strecke auch deine Füße und deine Beine, dehne und räkele dich, so wie wenn du morgens noch im Bett liegst und aufstehen willst. Jetzt bist du ganz wach und ausgeruht und richtest dich wieder auf. Du bist wieder hier bei uns im Raum und fühlst dich ganz frisch.“

WISSEN KOMPAKT

Imaginative Verfahren

Imaginative Verfahren nutzen die Vorstellungskraft eines Menschen. So handelt es sich bei den Fantasiereisen um Geschichten, Vorstellungsbilder oder Situationsschilderungen, die von einem Erwachsenen erzählt werden und die die Fantasie der Kinder anregen sollen. Auf diesem Weg sollen diese in eine Welt der Ruhe und Gelassenheit geführt werden. Die imaginäre Reise geht in reale, den Kindern meist bekannte Welten (z. B. auf eine Wiese, an einen rauschenden Bach, an einen Sandstrand am Meer) oder aber in fantastische Welten (z. B. auf einem Teppich zu den Wolken oder auf einen Stern fliegen).
Fantasiereisen können den „imaginativen Verfahren“ zugeordnet werden: Die Kinder stellen sich die vorgegebene Situation vor, lassen sie auf sich wirken, schlüpfen in bestimmte Rollen hinein und können die Situation in ihrer eigenen Fantasie weiterentwickeln. Auf diesem Weg können physiologische Entspannungswirkungen (Reduzierung der Muskelspannung, tiefere Atmung etc.) erreicht werden.

Eine Fahrt mit dem Boot

Material: Matten oder Decken als Unterlage

Die Idee: Als Abschluss einer Bewegungseinheit, in der die Kinder sich ausgiebig bewegen konnten, legen sie sich auf ein Schwungtuch oder eine große Decke.

Die Geschichte:

„Heute machen wir im Traum eine Reise mit dem Boot. Stell dir vor, dass du am Meer bist. Du stehst am Strand und schaust auf das weite Meer hinaus. Da ist in der Ferne ein kleines Boot zu sehen, es kommt immer näher, wird größer und größer, es kommt gerade auf dich zu. Der Wind bläst die Segel auf und bringt es immer näher an den Strand, bis es dort liegen bleibt.

Du gehst ein Stück durch das flache Wasser und steigst in das Boot ein. Auf dem kleinen Boot ist ein Sitz, auf dem du dich bequem hinsetzen kannst.

Ein Windstoß kommt und schiebt das Boot an. Es schaukelt etwas und dann schwimmt es zurück auf das Meer. Die Wellen bewegen es sanft hin und her. Du genießt das sanfte Schaukeln, schließt die Augen und bist ganz ruhig. Der warme Wind streicht dir sanft über dein Gesicht.

Da kommt eine größere Welle, das Boot schaukelt nun stärker hin und her, du musst dich gut auf deinem Sitz festhalten, damit du nicht herunterfällst.

Die Wellen sind so stark, dass du einige Wasserspritzer auf der Haut spürst, auf den Lippen schmeckst du sogar ein wenig Salz.

Dann werden die Wellen wieder ruhiger, das Boot schaukelt nur noch ganz sanft. Der Wind hat nachgelassen, die leichten Wellen lassen das Boot nur noch ganz sanft schaukeln. Es gleitet auf dem Wasser dahin und bringt dich zurück an den Strand.

Du spürst, wie es auf dem Sand aufsetzt, genau an der Stelle, wo du eingestiegen bist. Du reckst und streckst dich auf deinem Sitz, atmest ganz kräftig ein und wieder aus.

Du stehst auf und kletterst aus dem Boot heraus. Das kühle Wasser des Meeres macht dich ganz wach und frisch, langsam gehst du an den Strand zurück. Das Boot ist jetzt nur noch in der Ferne zu sehen, du winkst ihm zu, aber da ist es auch schon verschwunden.“

Tipps zum Weiterlesen

Fischer, Rieke (2020). Traumreisen für Kinder. Danileo Publishing

Haberer, Elke (2011). Ruhespiele und Entspannungsrituale – Erlebtes verarbeiten. In: Zimmer, Renate (Hrsg.). Psychomotorik für Kinder unter 3 Jahren. Freiburg: Herder, S. 87–104.

Lieblich, Mona (2022). Entspannung für Kinder. Independently published

Ohm, Dieter (2017). Entspannung für Kinder. Stuttgart: Trias

Quante, Sonja (2015). Was Kindern gut tut. Handbuch der erlebnisorientierten Entspannung. Dortmund: borgmann

Reeker-Lange, Claudia; Aden, Patricia & Seyffert, Sabine (2021). Handbuch der Progressiven Muskelentspannung für Kinder. Stuttgart: Klett-Cotta

Rosengarten, Johannes (2012). Entspannen und Konzentrieren mit Mandalas. Würzburg: Arena

Salbert, Ursula (2016). Ganzheitliche Entspannungstechniken für Kinder. Münster: Ökotopia

Schmid, Dorothee (2021). Phantasiereisen für Jungen. Berlin: Ufer Verlag

Seyffert, Sabine (2017). Traumreise zu den Sternen: Entspannungsgeschichten zur guten Nacht. Würzburg: Arena

Zimmer, Renate (Hrsg.) (2011). Psychomotorik für Kinder unter 3 Jahren. Freiburg: Herder.

Zimmer, Renate (2019a). Handbuch Sprache und Bewegung. Alltagsintegrierte Sprachbildung in der Kita. Freiburg: Herder.

Zimmer, Renate (2019b). Handbuch Sinneswahrnehmung. Grundlagen einer ganzheitlichen Bildung und Erziehung. Freiburg: Herder.

Zimmer, Renate (2020). Handbuch Bewegungserziehung. Grundlagen für Ausbildung und pädagogische Praxis. Freiburg: Herder.

Zimmer, Renate (2021a). Bewegung erleben in der Krippe. Freiburg: Herder

Zimmer, Renate (2021b). Bewegung erleben in der Kita. Freiburg: Herder

Zimmer, Renate (2022). Handbuch Psychomotorik. Theorie und Praxis der psychomotorischen Förderung von Kindern. Freiburg: Herder

Zimmer, Renate (2022). Der Bewegungskindergarten. Freiburg: Herder